F·R·I·E·N·D·S

LA SERIE DE TELEVISIÓN

El libro de cocina oficial

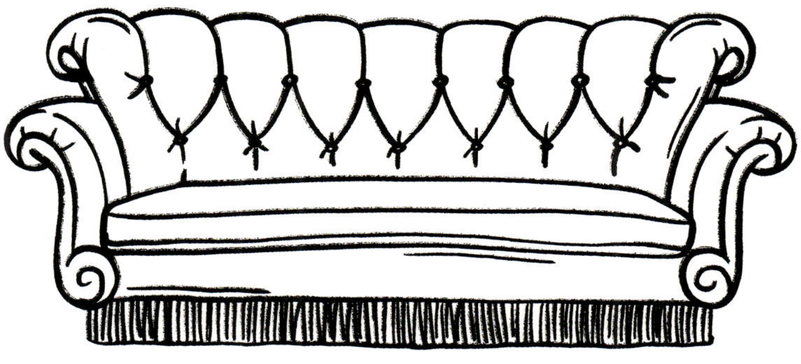

FRIENDS
LA SERIE DE TELEVISIÓN

El libro de cocina oficial

ESCRITO POR **AMANDA YEE**

BRIDGE

Índice

Platos principales

Cena con amigos

Platos dulces y postres

Bebidas

We Buy
We Sell
We Trade
Compact Discs
Records
Tapes

Introducción

No se puede negar que la comida es una parte importante del universo de *Friends*. Seguro que todos recordamos el *triffle* de carne de Rachel, pero ¿os acordáis de algún episodio en el que Joey no esté comiendo? ¿Habría sido igual de divertido si los problemas intestinales de Ross los hubiese causado otra cosa que no fuese comer unos tacos en mal estado? ¿Y si Monica fuera dentista?

Al ver una y otra vez los episodios, empezamos a entender que el comer juntos simboliza a la perfección el hecho de que la comida es uno de los elementos de unión que hacen que se forme una comunidad. Si no es en Nueva York, ¿en qué otro lugar podría comerse arroz con gandules o *zongzi* en un radio de 500 kilómetros? Y ¿con quién compartiría uno esos tesoros si no es con sus vecinos, amigos del café que uno frecuenta y personas que van al trabajo en metro como nosotros?

Las historias de Ross, Monica, Chandler, Joey, Phoebe y Rachel cobraron vida en un Nueva York rebosante de ideas nuevas, múltiples culturas y potencial sin explotar como telón de fondo. La atemporalidad y la universalidad eternas de las historias tejidas alrededor de la comida han conquistado a fans de todo el planeta. De Joey y Monica con un pavo de Acción de Gracias en la cabeza a la importancia del *unagi*, los amantes de *Friends* del mundo entero se identifican con las pruebas y tribulaciones de intentar salir adelante en el mundo entre los veinte y los treinta años.

Al igual que los personajes de *Friends*, yo estreché lazos con mi comunidad saludando a mis vecinos cuando coincidíamos en el portal. Me ofrecí a ayudarlos cuando vi que subían la escalera cargados con paquetes. Sonreí. Acabé haciendo lo único que me parecía lógico en aquel momento: invité a comer a mis vecinos. No recuerdo qué cociné ese día en que terminamos quince personas embutidas en mi minúsculo apartamento, pero lo que sí recuerdo es que quienes asistieron a esa cena a día de hoy siguen siendo algunos de mis mejores amigos.

Siendo así, muchas de las recetas de este libro de cocina se dan en cantidades lo bastante grandes como para compartir con los amigos y la familia. Además, reflejan los gustos personales de cada uno de los amigos (y muchos personajes secundarios). Algunas de las recetas de Monica reflejan su talento como chef, algunas de las de Rachel incorporan ingredientes más refinados, acordes a la familia acomodada de la que procede, y las de Joey son platos deliciosos que gustan a todos. Aunque cada receta es distinta, todas tienen por objetivo reunir a la gente para disfrutar de su mutua compañía.

Confío en que este libro de cocina sirva para reforzar nuestro amor no solo por *Friends*, sino también por la filosofía de la serie, una filosofía que es lo que le imprime nostalgia. Ojalá sepamos ser elegantes y perdonarnos como Rachel y Ross; ojalá seamos generosos como Chandler y Joey (salvo cuando se trata de comida: ¡Joey no comparte la comida!); ojalá seamos leales como Monica y sinceros y divertidos como Phoebe. Y, sobre todo, ojalá disfrutemos del placer de sentarnos juntos a compartir una comida con amigos.

Amanda Yee

CENTRAL
PERK
2X85

Los básicos de la cocina azul de Monica

Todo buen cocinero amateur o chef profesional dispone de una amplia variedad de patés, salsas, mermeladas y caldos con los que preparar comidas deliciosas y festines para sus seres queridos, su familia y sus amigos. La bien abastecida cocina azul de Monica era un salvavidas siempre que se presentaba sin avisar un amigo que fuese amante de la comida o cuando ella tenía que organizar una fiesta de despedida para Rachel. Contar con estos elementos convertirá las comidas sencillas en festines divertidos y memorables. Aseguraos de limpiar de vez en cuando las tapas de los tarros o, si os parecéis a Monica, ¡hacedlo a menudo!

Temporada 8, episodio 5
«El de la cita de Rachel»

Pesto de grelos, el mejor

PARA: 4 raciones
PREPARACIÓN: 10 minutos

Cuando Phoebe entra en la cocina del restaurante de Monica, no está claro si el pesto que ha preparado Tim, el atractivo *sous-chef* nuevo, es «el mejor» o solo «bastante bueno», pero cuando Monica le dice que va a tener que despedirlo porque no hace bien su trabajo, su pesto no podrá salvarlo. Sin embargo, este pesto de grelos es sin duda el mejor.

1 manojo de grelos
½ taza de almendras tostadas en seco
La ralladura y el zumo de un 1 limón
½ taza de queso pecorino romano rallado
¼ taza de aceite de oliva virgen extra
Sal y pimienta

En un procesador de alimentos, triturad con la función pulso los grelos, las almendras, la ralladura y el zumo del limón y el queso. Con el procesador en marcha, incorporad el aceite de oliva en un hilo hasta que se forme una pasta. Salpimentad al gusto. Tapado y refrigerado dura hasta 2 semanas.

Paté de jamón

PARA: 4 raciones
PREPARACIÓN: 20 minutos

½ taza de guindillas calabresas en aceite
½ taza de *guanciale* o panceta en dados
½ taza de vino tinto
225 gramos de salami en rodajas
2 cucharadas de aceite de oliva
¼ taza de mantequilla
Sal y pimienta

Sacad las guindillas del aceite y retiradles el rabillo. Reservad el aceite e introducid las guindillas en un procesador de alimentos.

Añadid el *guanciale* o la panceta, el vino tinto, el salami, el aceite y la mantequilla y triturar con la función pulso de 5 a 7 minutos, hasta que se forme una pasta densa.

Con el procesador en función pulso, añadid poco a poco el aceite de guindilla en un hilo. Salpimentad al gusto. Tapado y refrigerado dura hasta 2 semanas.

NOTA DE LA CHEF MONICA: Esta receta se elabora con guindillas calabresas en aceite. Es muy recomendable utilizar estas sabrosas guindillas, pero, si no las encontráis, las podéis sustituir por otras guindillas, como chiles fresno o poblano, y añadir aceite de guindilla, aunque el sabor será muy distinto.

Salsa barbacoa ranchera

PARA: 4 raciones
PREPARACIÓN: 5 minutos
REPOSO: 2-4 horas

½ taza de suero de leche
½ taza de *crème fraîche* o crema agria
3 cucharadas de mayonesa
2 cucharadas de eneldo seco
1 cucharada de ajo en polvo
1 cucharada de cebolla en polvo
¼ taza de cebollino picado fino
2 cucharadas de salsa Worcestershire
1 cucharada de vinagre de vino blanco
Sal y pimienta
2 cucharadas de salsa barbacoa

En un cuenco grande, introducid el suero de leche, la *crème fraîche* o la crema agria, la mayonesa, el eneldo, el ajo en polvo, la cebolla en polvo, el cebollino, la salsa Worcestershire y el vinagre y removed para incorporar bien todos los ingredientes. Salpimentad al gusto. Tapad y refrigerad entre 2 y 4 horas.

Antes de servir, agregad la salsa barbacoa y removed. Añadid más a vuestro gusto. Tapada y refrigerada dura hasta 1 semana.

Kétchup de comino y guindilla

PARA: 4 raciones
PREPARACIÓN: 5 minutos

1 cucharada de comino en polvo
1½ cucharada de guindilla en polvo
La ralladura y el zumo de 1 limón
280 mililitros de kétchup
Sal y pimienta

En un cuenco pequeño, mezclad el comino, la guindilla, la ralladura y el zumo de limón y el kétchup. Salpimentad al gusto. Guardad en un recipiente hermético en la nevera. Dura hasta 2 semanas.

Base para tartas

PARA: 2 bases
PREPARACIÓN: 20 minutos
REPOSO: 1 hora

Esta receta incluye tomillo, complemento perfecto de cualquier tarta salada. Si la tarta es dulce, omitid el tomillo. Y, si queréis experimentar, probad a añadir una hierba aromática distinta.

2¼ tazas de harina de trigo
1 cucharadita de azúcar
1 cucharadita de sal
1 taza de mantequilla no salada, congelada y cortada en dados del tamaño de un guisante
¼ taza de tomillo fresco, solo las hojas
⅓ taza de agua muy fría
1 cucharada de vinagre de manzana

En un cuenco grande, introducid la harina, el azúcar y la sal.

Distribuid sobre la harina los dados de mantequilla y agitadla para envolverlos. Cuando los daditos estén recubiertos de harina, frotadlos con los dedos índice y pulgar hasta que estén aplastados y rebozados en la harina. Agitadlos con suavidad, sin removerlos.

Espolvoread el tomillo de manera uniforme.

Formad un volcán en el centro de la mezcla y añadid cucharadas de agua una a una. Empezad a doblar la masa sobre sí misma, procurando no trabajarla o mezclarla en exceso. La masa debería empezar a amalgamarse después de unos 30 o 40 segundos. Agregad el vinagre de manzana y seguid mezclando de 1 a 3 minutos, hasta obtener una masa uniforme y lisa.

Si la masa está algo seca, añadid ½ cucharadita de agua fría mientras la trabajáis.

Cuando la masa esté lisa, envolvedla en *film* transparente y refrigeradla durante 1 hora como mínimo.

Lo opuesto a hombre: mermelada de mora y menta

Temporada 3, episodio 3
«El de la mermelada»

PARA: ½ kilo
COOK TIME: ½ hora
REPOSO: 1 hora

«¿Qué es lo opuesto de "hombre"? ¡Mermelada!» O eso es lo que afirma Monica cuando decide preparar una tonelada de mermelada para superar la ruptura con Richard. Servidla con «*Scones* con mermelada y cucharita» (página 147).

5 tazas de moras
3 cucharadas de menta seca
La ralladura y el zumo de 1 limón
2½ tazas de azúcar
2 cucharadas de *bourbon* (opcional)

En una cazuela grande, poned a fuego medio-bajo todos los ingredientes y dejad que cuezan de 20 a 30 minutos, hasta que la mezcla espese, removiendo de vez en cuando.

Cuando la mezcla haya espesado, verted la mermelada en tarros esterilizados, dejando un poco más de 1 centímetro de separación del borde. Dejad enfriar a temperatura ambiente, tapad y refrigerad. Dura hasta 1 semana.

Crema de limón

PARA: 1½ taza
PREPARACIÓN: 15 minutos
REPOSO: 25 minutos

⅔ taza de azúcar
4 yemas de huevo
La ralladura y el zumo de 2-3 limones pequeños
6 cucharadas de mantequilla

En un cuenco pequeño, batid unos 2 minutos el azúcar con las yemas hasta obtener una mezcla de un amarillo claro. Añadid la ralladura y el zumo de limón y removed alrededor de 1 minuto, hasta que todo esté bien integrado.

Poned a fuego bajo la mezcla anterior en un cazo mediano. Empezad a añadir pegotes de mantequilla, sin dejar de mover enérgicamente durante unos 6 o 7 minutos, hasta que la mezcla espese y se forme una crema. Cuando haya espesado, retiradla del fuego y dejad que se enfríe. Refrigerada dura hasta 1 semana.

Caldo de pavo

PARA: 1½ litro
COOK TIME: 3½ horas

Preparar caldo es una forma estupenda de reducir el desperdicio de alimentos. Se recomienda utilizar una combinación de hierbas aromáticas, verduras e incluso algunas frutas que estén a punto de echarse a perder. Lo importante para elaborar un caldo de carne es que, además de las sobras de fruta, verdura y hierbas, se utilizan los huesos del animal.

1 carcasa de pavo
2 cebollas peladas y partidas por la mitad
4 tallos de apio cortados para que entren en la cazuela
4 zanahorias grandes cortadas para que entren en la cazuela
2 cucharadas de granos de pimienta rosa
3-4 hojas de laurel
1 manojo de perejil
Sal y pimienta

Introducid todos los ingredientes salvo la sal y la pimienta en una cazuela grande y cubrid de agua hasta unos 2,5-5 cm del borde. Tapad y llevad a ebullición a fuego medio-alto.

Bajad a fuego medio-bajo y dejad que cueza a fuego lento, destapado, de 2 a 3 horas, hasta que el caldo se haya reducido un poco. Colad y desechad los ingredientes sólidos y salpimentad el caldo al gusto.

Si no lo vais a consumir de inmediato, verted en tarros de ración aptos para el congelador y dejad destapados hasta que el líquido esté a temperatura ambiente. Tapad y congelad.

Caldo de verduras

PARA: 1½ litro
COOK TIME: 3½ horas

2 cebollas peladas y partidas por la mitad
2 tallos de apio cortados para que entren en la cazuela
4 zanahorias grandes cortadas para que entren en la cazuela
2 limones partidos por la mitad
1 kilo de champiñones (de cualquier clase, sin desechar los tallos leñosos)
½ kilo de tomates
4 patatas partidas en cuartos
1-2 manojos de hierbas aromáticas
Sal y pimienta

Introducid todos los ingredientes, salvo la sal y la pimienta, en una cazuela grande y cubrid de agua hasta unos 2,5-5 cm del borde. Tapad y llevad a ebullición a fuego medio-alto.

Bajad a fuego medio-bajo y dejad que cueza a fuego lento, destapado, de 2 a 3 horas, hasta que el caldo se haya reducido un poco. Colad y desechad los ingredientes sólidos y salpimentad el caldo al gusto.

Si no lo vais a consumir de inmediato, verted en tarros de ración aptos para el congelador y dejad destapados hasta que el líquido esté a temperatura ambiente. Tapad y congelad.

NOTA DE LA CHEF MONICA: En esta receta podéis utilizar toda clase de verduras, incluidos restos que se habrían desechado en un principio. Algunas opciones son: los tallos leñosos de los champiñones, cualquier clase de tomates, tallos de hierbas aromáticas, etc.

Cebolla morada encurtida

PARA: 2 raciones
PREPARACIÓN: 5 minutos
REPOSO: 8 horas

- 1 cebolla morada grande cortada en pluma
- 1 cucharada de semillas de comino
- 3-4 hojas de laurel
- 1 taza de vinagre de manzana
- ½ taza de azúcar
- ½ taza de sal

Introducid la cebolla morada, las semillas de comino y las hojas de laurel en un tarro de cierre hermético.

En un cuenco pequeño, mezclad el vinagre de manzana, el azúcar y la sal, y removed unos 2 minutos hasta que todo esté bien integrado.

Verted esta mezcla sobre la cebolla hasta que el líquido llegue al borde. Utilizad un trozo de papel de horno doblado para presionar la cebolla si esta sobresale del líquido.

Chalotas crujientes

PARA: 1 ración
PREPARACIÓN: 25 minutos

- ½ taza de aceite de coco o de aceite vegetal
- 1 chalota grande cortada en aros finos
- Sal y pimienta

Poned a fuego medio-alto una cazuela grande o un wok, añadid el aceite y calentad a 150 °C.

Agregad las chalotas y salteadlas. Unos 5 minutos después, cuando empiecen a burbujear, bajad a fuego medio-bajo. Freíd las chalotas de 15 a 18 minutos, removiendo de vez en cuando, hasta que estén crujientes y doradas.

Con ayuda de una espumadera, sacad las chalotas y pasadlas a un plato con papel de cocina. Salpimentad al gusto.

«Muy bien, ¿qué hay para comer?»

—Joey

BEST MAN
JOEY TRIBBIANI

Desayuno

Pan con chocolate y almendras de *Marcel*.

Una especiede torrija (Tostadas francesas rellenas)

Parfait de granola y bayas deshidratadas de Rachel

Barritas reconstituyentes para después de correr de Phoebe

Tortas Oh. Dios. Mío. de Janice

Bagels la mañana ha llegado

Huevos *à la* Chandler

Chilaquiles de Ross

Especial años 50: los caballeros prefieren salchichas con salsa

Temporada 1, episodio 10
«El del mono Marcel»

Pan con chocolate y almendras de Marcel

Una especie de torrija (Tostadas francesas rellenas)

PARA:
6-8 porciones

PREPARACIÓN:
35 minutos

Para compensar que su exmujer lo ha dejado por otra mujer, Ross se hace con un mono llamado *Marcel*. ¿Estáis pasando por un mal momento? En lugar de llevaros a casa una mascota exótica, probad con esta deliciosa mezcla de chocolate y plátano y comedla con amigos. Creedme, las torrijas son la mejor elección. Nunca llegarán a la pubertad y no tendréis que preocuparos de que les hagan cosas cuestionables a vuestros peluches.

2 panes trenzados (*jalá*) grandes cortados en rebanadas de unos 7,5 cm de grosor
225 gramos de queso mascarpone
¼ taza de azúcar glas
3 cucharadas de cacao en polvo sin azúcar
1 pizca de sal marina
1 taza de nata para montar
1 taza de leche
1 cucharada de canela en polvo
1 cucharada de extracto de vainilla
4 huevos grandes
La ralladura de ½ naranja
Pulverizador de aceite
½ taza de almendras ahumadas, picadas
3 plátanos grandes troceados en rodajas de 2,5 cm
Sirope de arce o de chocolate

NOTA DE LA CHEF MONICA: Para el relleno, utilizad una manga pastelera o una bolsa de plástico grande con cierre zip y cortadle una punta. Poned una boquilla en la manga, colocad la manga en un recipiente alto y sujetad bien el borde por fuera del recipiente. Verted la mezcla en la manga. Una vez llena, retorced la parte superior de la manga para cerrarla.

Haced un corte longitudinal de 5 cm y 1,25 cm de profundidad en la corteza de cada rebanada de pan.

En un cuenco mediano, batid de 1 a 2 minutos el queso mascarpone con el azúcar glas y el cacao en polvo, hasta que todo esté perfectamente integrado. Añadid una pizca de sal marina al gusto.

Rellenad con la mezcla de mascarpone una manga pastelera con boquilla o bien una bolsa de plástico grande con cierre zip y cortadle una punta. Introducid con delicadeza una pequeña cantidad de mascarpone en el pan, hasta rellenar la hendidura. (No os excedáis con el relleno, o se saldrá cuando cocinéis la torrija.) Pasad a una bandeja de horno y reservad. Repetid la operación con las demás rebanadas.

En otro cuenco mediano, mezclad de 1 a 2 minutos la nata para montar con la leche, la canela, la vainilla, los huevos y la ralladura de naranja, hasta que todo esté perfectamente integrado.

Poned a fuego medio una sartén grande antiadherente y rociadla con el pulverizador de aceite. Trabajando por tandas, mojad el pan relleno en la mezcla de huevo por ambos lados, hasta cubrirlo bien pero sin empaparlo. Cuando esté mojado, colocad de 1 a 2 torrijas en la sartén.

Dejad de 2 a 3 minutos, hasta que el pan se dore, y dadle la vuelta para que se dore por el otro lado. El pan debería estar esponjoso y firme al tacto, pero no húmedo. Cuando esté listo, pasad las torrijas a una bandeja de servir con papel de cocina y repetid la operación hasta freír todas las rebanadas.

Servid con almendras ahumadas, rodajas de plátano y el sirope que prefiráis, de arce o chocolate.

Parfait de granola y bayas deshidratadas de Rachel

Temporada 7, episodio 5
«El de la foto de compromiso»

PARA: 6 raciones
PREPARACIÓN: 50 minutos

No es ningún secreto que Rachel está colada por su ayudante, Tag, aunque hace grandes esfuerzos para que no se enteren sus compañeros. Cuando la pillan oliendo el jersey de la mochila de Tag, ella reacciona deprisa y asegura: «Estoy a punto de ir a la tienda a comprar cosas para mi mochila, ya sabes, frutos secos, muesli». De lo más normal y natural. Este *parfait* tal vez sea algo más refinado que lo que tenía en mente Rachel, pero sin duda ayudará a disimular flechazos prohibidos en la oficina.

GRANOLA:

1 taza de almendras sin tostar
½ taza de pipas
⅓ taza de arándanos deshidratados
⅓ taza de arándanos rojos deshidratados
½ taza de sirope de arce
1 taza de aceite de coco derretido o de aceite de colza
1 cucharada de canela en polvo
4 tazas de copos de avena
Sal marina

***PARFAIT*:**

340 mililitros de yogur griego
«Crema de limón» (página 13)
Bayas frescas (opcional)

PARA PREPARAR LA GRANOLA:

Precalentad el horno a 190 °C y forrad una bandeja de hornear con papel de horno.

En un cuenco grande, mezclad todos los ingredientes, asegurándoos de que el aceite y el jarabe de arce recubran los copos de avena de manera uniforme.

Extended bien la mezcla de avena en la bandeja y hornead unos 10 minutos, hasta que la granola esté seca, dorada y formando pegotes. Dejad enfriar 30 minutos.

PARA PREPARAR EL *PARFAIT*:

Disponed una cantidad generosa de yogur griego en un cuenco, agregad una capa asimismo generosa y uniforme de crema de limón y terminad con la granola y, si queréis, con bayas frescas.

Temporada 6, episodio 7
«En el que Phoebe corre»

PARA: 12 barritas
PREPARACIÓN: 40 minutos
REPOSO: 4 horas

Barritas reconstituyentes para después de correr de Phoebe

Cuando se convierten en compañeras de piso, Rachel y Phoebe deciden hacer más cosas juntas. La primera vez que salen a correr las dos por Central Park, Rachel descubre que Phoebe corre moviendo los brazos y las piernas como un niño de cinco años y se avergüenza de que la vean con ella. Por su parte, Phoebe está encantada e ilusionada con la experiencia. Es fácil imaginar lo cansada que se sentirá Phoebe y la necesidad que tendrá de recuperar fuerzas después de haber estado corriendo por el parque. Si queréis energizaros después de salir a correr más o menos como Phoebe, probad estas barritas reconstituyentes: están repletas de proteínas y antioxidantes y son bajas en azúcar.

3-5 dátiles deshuesados
¼ taza de agua
¼ taza de mantequilla de almendras
1 cucharada de aceite de coco
3 cucharadas de proteína de guisante sabor vainilla
¼ taza de pepitas de chocolate
3 cucharadas de arándanos deshidratados
1 taza de quinoa cocida
1¼ taza de copos de avena
Pulverizador de aceite

En una batidora de vaso, batid de 3 a 4 minutos a velocidad alta los dátiles con el agua, hasta que los dátiles se deshagan. Reservad.

En un cuenco mediano, mezclad la mantequilla de almendras, el aceite de coco y la proteína de guisante hasta que todo esté incorporado. Añadid la mezcla de dátiles y agua y removed enérgicamente de 3 a 4 minutos, hasta que la mezcla de mantequilla siga estando espesa pero no apelmazada.

Añadid las pepitas de chocolate, los arándanos deshidratados, la quinoa y la avena. Removed unos 2 minutos, hasta que la mezcla espese.

Pulverizad con aceite una bandeja de horno de 20 centímetros.

Con ayuda de una espátula de silicona, distribuid la mezcla en la bandeja de manera uniforme, aplastándola bien para que no haya grumos. Meted en el congelador 4 horas como mínimo o una noche.

Una vez congelada, cortad la mezcla en la forma que deseéis y disfrutadla después de haber estado corriendo como locos por Central Park.

«¡Venga, eso no es correr! ¡Vamos!»

—Phoebe

YOUR RECEIPT
THANK YOU
02/21/2020 8:01AM 20
000000#1286 CLERK20
DEPT.11
DEPT.11
DEPT.11
DEPT.11
$2.89
$2.89
$2.89
$1.59
ITEMS 4
***TOTAL
CASH
CHANGE

Temporada 3, episodio 1
«El de la fantasía de la princesa Leia»

Tortas Oh. Dios. Mío. de Janice

PARA:
2-3 raciones

PREPARACIÓN:
40 minutos

Oh. Dios. Mío. La esponjosa y ligera textura de estas tortitas es más intensa que el amor que Janice siente por Chandler Bing. Pero, por lo general, Chandler no quiere saber nada de Janice. Pasando por alto esta indiferencia, Janice cree que Chandler es su alma gemela. Un día, en un sorprendente giro emocional, Chandler empieza a enamorarse de Janice. En lugar de echarla de casa, Chandler deja que se quede y ella le prepara tortas.

½ cucharadita de canela en polvo
1 vaina de vainilla raspada o 1 cucharadita de extracto de vainilla
1 taza de queso *ricotta*
La ralladura y el zumo de 1 limón
2 cucharadas de azúcar mascabado o de azúcar granulado
¾ taza de leche
2 huevos grandes, batidos
1 taza de harina de trigo
1 cucharadita de levadura en polvo
Mantequilla o pulverizador de aceite
1 taza de bayas frescas para servir (opcional)
Sirope de arce tibio para servir

En un cuenco grande, introducid la canela, la vainilla, el queso, la ralladura y el zumo de limón, el azúcar, la leche y los huevos. Removed de 2 a 3 minutos, hasta incorporar bien todos los ingredientes.

Tamizad la harina con la levadura e incorporada a la mezcla anterior delicadamente, con movimientos envolventes.

Poned a fuego alto una sartén grande. Cuando esté caliente, bajad a fuego medio-bajo y añadid mantequilla o pulverizad con aceite. Trabajando por tandas, añadid a la sartén una media taza de mezcla por tortita y dejad de 2 a 3 minutos, hasta que burbujee. Cuando aparezcan las burbujas, dadle la vuelta a la tortita y dejad 2 o 3 minutos más, hasta que se termine de hacer. Pasadla a un plato caliente y repetid la operación con la mezcla restante.

Servid las tortitas con bayas frescas y sirope de arce tibio.

«Monica y Rachel tenían caramelo, ahora conseguiré que mi hombre se anime.»

—Janice

Bagels la mañana ha llegado

Temporada 4, episodio 19
«El de todas las prisas»

PARA:
12 *bagels*

PREPARACIÓN:
3½ horas

REPOSO:
30 minutos

«La mañana, la mañana ha llegado. Ya sale el sol. El cielo es azul. La mañana, la mañana ha llegado. ¡Venga, vamos, ha llegado la mañana!...» ¡Ya están los *bagels* para el desayuno! A Rachel no le hacía ninguna gracia la costumbre que tenía su alegre vecino de cantar a pleno pulmón por la mañana la canción que se había inventado y ello bastó para convencerla de que Monica y ella tenían que recuperar el piso de Joey y Chandler. Si le esperasen estos sabrosos *bagels* para desayunar, quizá hubiese tenido una opinión muy diferente de las mañanas.

1¼ taza de agua templada
40 gramos de levadura fresca
1 cucharadita de azúcar granulado
4 tazas de harina de fuerza
2 cucharaditas de sal
4 cucharadas de azúcar moreno
Aceite para el cuenco

En un cuenco, mezclad ¼ taza de agua templada con la levadura y el azúcar granulado. Dejad reposar 1 o 2 minutos, hasta que la levadura espumee.

En el vaso de una batidora provista del gancho de amasar, o en un cuenco grande si vais a amasar a mano, mezclad durante 10 minutos a velocidad media-baja (de 15 a 20 minutos si se hace a mano) la levadura con la taza de agua restante, la harina, la sal y 2 cucharadas de azúcar moreno. La masa estará lista cuando golpee las paredes del vaso y no pierda la forma. Si amasáis a mano, la masa debería estar firme pero elástica.

Pasad la masa a un cuenco engrasado, tapadla y ponedla en un lugar caliente (encima de la nevera, por ejemplo). Dejad 90 minutos para que suba.

Forrad dos bandejas de hornear con papel de horno. Depositad la masa en una superficie de trabajo no porosa y divididla en 12 porciones. Haced bolas (no es preciso añadir más harina) y pasadlas a las bandejas. Cubridlas y dejad que reposen de 20 a 30 minutos.

Precalentad el horno a 220 °C. Llenad de agua una cazuela grande hasta sus tres cuartas partes, añadid las 2 cucharadas de azúcar restantes y calentadla a fuego medio-alto. Llevad a ebullición.

Con el dedo índice, abrid un agujero en el medio de una bola de masa y haced girar la masa en el dedo hasta que el agujero tenga unos 3,8 cm de diámetro. Repetid la operación con las demás bolas.

Trabajando por tandas, colocad de 2 a 3 *bagels* boca abajo en el agua hirviendo y dejad 1 o 2 minutos, hasta que suban a la superficie. Con ayuda de una espumadera de araña o una espumadera corriente, dadles la vuelta a los *bagels* cuando hayan subido. Cocinadlos 1 o 2 minutos más, sacadlos del agua y pasadlos a las bandejas de hornear.

Hornead los bagels de 15 a 20 minutos, hasta que estén dorados. Rotad las bandejas a los 12 minutos para que todos los bagels se doren por igual.

Variantes de bagels *en la página siguiente…*

Variantes de bagels:

***BAGELS* CON ESPECIAS O HIERBAS AROMÁTICAS:**

1 clara de huevo
1 cucharada de agua
Hierbas aromáticas secas o especias de vuestra elección

Si queréis añadir deliciosas especias o espolvorear con hierbas aromáticas secas vuestros *bagels*, batid una clara de huevo con 1 cucharada de agua. Sacad los *bagels* del horno cuando lleven unos 10 minutos aproximadamente de horneado y pintadlos con esta mezcla. Espolvoread las hierbas y volved a meter los *bagels* en el horno para que terminen de hacerse.

***BAGELS* CON QUESO Y JALAPEÑOS:**

Queso Monterey Jack o *cheddar*
Jalapeños encurtidos o frescos en dados

Espolvoread con Monterey Jack o *cheddar* los *bagels* cuando lleven 10 minutos de horneado y volved a meter en el horno. Dejad de 2 a 3 minutos y, cuando el queso se haya fundido, colocad rodajas de jalapeño encurtido o fresco encima del queso y terminad de hornear los *bagels*. El queso debería burbujear y presentar un color dorado en algunas partes.

***BAGELS* SALADOS RELLENOS:**

225 gramos de queso crema a temperatura ambiente
1 manojo de cebollino picado fino
Sal y pimienta
1 tomate corazón de buey grande cortado en rodajas de ½ centímetro
1 pepino grande cortado en rodajas
1 cebolla morada grande cortada en aros
113 gramos de alcaparras escurridas
340 gramos de salmón ahumado
113-170 gramos de brotes de vuestra elección (por ejemplo, alfalfa)
Huevos fritos (opcional)

En un cuenco pequeño, batid bien con una varilla o una batidora de brazo el queso crema con el cebollino. Salpimentad al gusto. Abrid por la mitad los bagels recién horneados, templados, con un cuchillo para pan. Untad el bagel con el queso crema por ambos lados y añadid tomate, pepino, cebolla y alcaparras. Terminad con el salmón y los brotes y, si queréis, los huevos fritos.

***BAGELS* DULCES:**

225 gramos de queso crema a temperatura ambiente
3 cucharadas de «Lo opuesto a hombre: mermelada de mora y menta» (página 13) o la mermelada comprada que prefiráis
8-12 fresas o bayas de vuestra elección en rodajas

En un cuenco pequeño, batid con una varilla o una batidora de brazo el queso crema con la mermelada. Abrid un bagel y untadlo por ambos lados con esta crema. Añadid rodajas de fresa. Cantad: «La mañana ha llegado» entre mordisco y mordisco.

Huevos à la Chandler

Temporada 2, episodio 17
«El de cuando Eddie viene a casa»

PARA: 4 raciones
PREPARACIÓN: 20 minutos

A nadie le gustan por igual dos tipos de huevos diferentes, o eso afirma Joey, indignado, cuando descubre que a Chandler le gustan los huevos *à la* Eddie. Probablemente debiera haberlo pensado mejor antes de irse y que Eddie pasara a ser el nuevo compañero de piso de Chandler. Puesto que todos sabemos que los únicos huevos que Chandler necesita son los de Joey —dentro del pan, con el agujero en medio—, esta es la versión de Chandler, pero con un poco de pesto añadido a modo de guiño a Eddie.

4 rebanadas de pan de masa madre de 5 centímetros
2 cucharadas de mantequilla sin sal
4 huevos
Sal y pimienta
2 cucharadas de «Pesto de grelos, el mejor» (página 10) o pesto comprado

Con ayuda de un cortapastas o un plato pequeño redondo, haced un agujero en cada rebanada de pan de unos 7,5 centímetros de diámetro.

Poned una sartén grande a fuego alto. Mientras se calienta, untad de mantequilla el pan por ambos lados. Cuando esté caliente, bajad a fuego medio y poned el pan en la sartén. Añadid un poquito de mantequilla en el agujero de la tostada y cascad un huevo. Dejad el huevo alrededor de 1 minuto, hasta que esté hecho. Dadle la vuelta a la tostada con el huevo y tostadla entre 1 y 3 minutos, hasta obtener la consistencia deseada. Sacadla de la sartén y reservadla. Salpimentadla al gusto. Repetid la operación con el resto del pan y los huevos.

Agregadles un poco de pesto y servidlos.

«Oh, vamos, a nadie le gustan por igual dos tipos de huevos diferentes. Unos te gustarán más que otros y quiero saber cuáles.»

—Joey

Chilaquiles de Ross

Temporada 7, episodio 4
«El del ayudante de Rachel»

PARA:
6 raciones

PREPARACIÓN:
1 hora

Por motivos que no se pueden mencionar, Ross no puede comer tacos. Pero ¿sabéis lo que sí puede comer? ¡Chilaquiles! Bien. ¿De verdad queréis saber por qué Ross no puede comer tacos? Digamos que tal vez se comiera unos tacos que vendía un tío en el maletero de su coche y... ¿Por qué no cambiamos de tema? ¿Sí? ¡Estupendo! Servidlos con el «Pollo y alubias negras con grasa de pato» (página 56).

SALSA VERDE:

1½ kilo de tomatillos pelados o un 1 kilo de tomatillos
4 jalapeños sin el rabillo y partidos por la mitad
2 cebollas amarillas en cuartos
El zumo de 4 limas
4 dientes de ajo pelados
½ taza de cilantro picado
1 cucharada de sirope de agave (opcional)
Sal y pimienta

CHILAQUILES:

2-4 cucharadas de aceite de colza, más el que sea necesario
16 tortillas de maíz partidas en cuatro (mejor si son del día anterior)
Sal y pimienta
6 huevos (opcionales)
Mantequilla (opcional)
3 aguacates en rodajas
225 gramos de queso cotija o *feta*
1 cebolla morada o «Cebolla morada encurtida» (página 15) en daditos
225 gramos de *crème fraîche*
½ taza de cilantro medido y picado
2 limas cortadas en gajos

TRUCO: Si utilizáis tomatillos de bote, introducidlos con su jugo y todos los ingredientes frescos directamente en la batidora de vaso y trituradlos hasta obtener la consistencia deseada. Salpimentad.

PARA PREPARAR LA SALSA VERDE:

Introducid en una cazuela grande los tomatillos, los jalapeños, la cebolla, el zumo de lima y el ajo y cubrid de agua. Llevad a ebullición y bajad a fuego medio. Dejad cocinar sin tapar 10 minutos más, hasta que los tomatillos cambien ligeramente de color. Retirad del fuego.

Introducid en la batidora el cilantro y los ingredientes de la cazuela y trituradlos hasta obtener la consistencia deseada. Trituradlos de 2 a 3 minutos, de forma la salsa no esté completamente lisa. Salpimentad y añadid el agave.

PARA PREPARAR LOS CHILAQUILES:

Poned el aceite a fuego medio-alto en una sartén grande para freír.

Cuando el aceite esté caliente, y trabajando por tandas, añadid las tortillas en 4 trozos (aseguraos de que no se peguen, utilizad una espumadera ayuda) y freídlas 1 o 2 minutos, hasta que casi se hayan dorado. Sacadlas y colocadlas en un plato de cerámica o en un plato grande con papel de cocina.

Añadid 2 cucharaditas de aceite a la sartén y 1½ taza de salsa verde. Poned a fuego medio hasta que la salsa empiece a burbujear y dejad de 2 a 3 minutos para que espese.

Cuando la salsa verde esté caliente, incorporad las tortillas fritas. Cubridlas con la salsa, procurando no romperlas. Si fuera necesario, agregad una cucharada de salsa, o las que sean necesarias, de cada vez, hasta que las tortillas estén cubiertas por completo. No deberían empaparse, pero sí estar bien recubiertas de salsa. Salpimentad al gusto.

Si queréis añadir huevos, poned una sartén grande antiadherente a fuego medio-bajo. Añadid una cucharada generosa de mantequilla y distribuidla uniformemente por la sartén. Cuando la mantequilla se haya derretido y espumee un poco, cascad los huevos directamente en la sartén y freídlos de 1 a 3 minutos. Salpimentad al gusto.

Repartid los chilaquiles en platos y agregad rodajas de aguacate, queso, cebolla morada, pegotes de *crème fraîche* y cilantro. Terminad con un huevo frito encima, si queréis. Servid con gajos de lima.

Especial años 50:
Los caballeros prefieren salchichas con salsa

Temporada 2, episodio 21
«El de los matones»

PARA: 6 raciones
PREPARACIÓN: 1 hora

Cuando pierde los 127 dólares que le quedaban después de invertir en bolsa, Monica se ve obligada a aceptar un trabajo en un restaurante temático de los años 50, donde tiene que llevar una falda de vuelo, una peluca y tetas postizas, además de bailar al ritmo de YMCA sobre la barra mientras sirve patatas fritas Elvis Presley y otros clásicos de estos restaurantes como estas salchichas con salsa.

GALLETAS:
2 tazas de harina de trigo
½ cucharadita de sal
1 cucharada de levadura en polvo
6 cucharadas de mantequilla sin sal congelada y cortada en dados del tamaño de un guisante
1 taza de suero de leche

SALCHICHAS CON SALSA:
280 gramos de salchichas de cerdo
½ cucharadita de harina
2½ tazas de leche
Sal y pimienta
6 huevos (opcional)
Mantequilla (opcional)
Cilantro para adornar

NOTA DE LA CHEF MONICA: Una *roux* es una mezcla de harina cocinada y grasa que se utiliza para espesar sopas y salsas. La mezcla se oscurecerá a medida que se vaya cocinando, pero aseguraos de que no paráis de removerla para que no se queme.

PARA PREPARAR LAS GALLETAS:
En un cuenco grande, mezclad la harina con la sal y la levadura. Añadid los dados de mantequilla y recubridlos de manera uniforme con la harina. Aplastad la mantequilla con los dedos índice y pulgar, asegurándoos de que esté siempre recubierta de harina.

Agregad el suero de leche y mezclad bien unos 2 o 3 minutos, hasta que todos los ingredientes estén integrados.

Pasad la masa a una superficie no porosa previamente enharinada y dobladla delicadamente sobre sí misma hasta obtener una masa lisa. Procurad no trabajarla en exceso, ya que es importante que la masa no se reblandezca.

Extended la masa en una plancha de 2,5 centímetros de grosor y cortadla con un cortapastas de 5 o 7,5 centímetros o bien con ayuda de un vaso o un tarro. Haced una bola con la masa restante, estirad la masa y repetir la operación.

Precalentad el horno a 190 °C y forrad una bandeja de hornear con papel de horno.

Disponed las galletas en la bandeja y metedlas de 10 a 15 minutos en la nevera.

Sacad las galletas de la nevera y horneadlas de 10 a 15 minutos, hasta que estén doradas y suban.

PARA PREPARAR LAS SALCHICHAS CON SALSA:
Poned a fuego alto una sartén de fondo grueso. Cuando esté caliente, añadid las salchichas. Con ayuda de una cuchara de palo, desmenuzad las salchichas y dejadlas de 5 a 7 minutos para que se doren. Retirad las salchichas y reservadlas, dejando el aceite que haya quedado en la sartén.

Bajad a fuego medio, añadid la harina y removed para crear una roux con la grasa de la sartén. Cocinad la roux de 2 a 3 minutos, sin parar de remover, hasta que la mezcla desprenda su aroma.

Añadid la leche a la roux y batid con una varilla de 2 a 5 minutos, hasta que la mezcla espese y se convierta en una bechamel. Salpimentad al gusto.

Si queréis utilizar huevos, poned a fuego medio otra sartén. Cuando esté caliente, añadid una cucharada de mantequilla para recubrir la sartén y trabajad por tandas, friendo los huevos de 1 a 3 minutos, en función de los gustos.

Para servir, abrid por la mitad las galletas y cubridlas con la salsa. Añadidle un huevo, si habéis decidido utilizarlos.

Aperitivos y picoteo

Tabla de fritos solo para Joey

Delicias fritas con queso

Salchichas nupciales en saco

Sabes lo que dicen de las ostras, ¿verdad?

Croquetas de cangrejo

Salsa de atún para mojar pan

Ceviche de gambas con salsa *ponzu* y wontón frito

Salsa de alcachofas de Janice

Pan de ajo de emergencia

Queso: es leche que masticas. Consejos
para preparar la tabla de quesos perfecta

Tabla de fritos solo para Joey

Temporada 10, episodio 9
«El de la madre biológica»

PARA:
6 raciones, de entrante; o 12, de aperitivo (1 para Joey Tribbiani)

PREPARACIÓN:
1 hora

Phoebe consigue a Joey una cita con su amiga Sarah y se queda atónita cuando él le dice que no piensa volver a llamarla. ¿Por qué? ¡Le cogió sus patatas fritas! Y es cuestión de lo que representan esas patatas: ¡toda la comida! Joey no comparte la comida. Es uno de sus principios. Esta tabla contiene batatas y dos clases de patatas distintas, así que es una comida abundante para una persona, pero no la tenéis que compartir si no queréis.

2 batatas grandes cortadas en *batonnets* o una bolsa de batatas congeladas
4 patatas *russet* cortadas con un espiralizador o una bolsa de patatas congeladas en espiral para freír
6 patatas moradas cortadas en gajos
1 taza de maicena o de almidón de patata
2 litros (8 tazas) de aceite vegetal o de colza para freír
Sal y pimienta
3 dientes de ajo picados finos
½ taza de queso parmesano rallado
¼ taza de perejil fresco picado grueso
2-3 cucharadas de mezcla de especias Tajín
«Salsa barbacoa ranchera» (página 11) para servir
«Kétchup de comino y guindilla» (página 11) para servir
Mayonesa de *sriracha* para servir

NOTA DE LA CHEF MONICA: '*Batonnet*', en francés, significa «bastón», y describe el aspecto que tendrán estas batatas (básicamente la forma habitual de una patata frita). Cortad primero los extremos de las batatas y luego los laterales hasta que tengáis un rectángulo. Cortad el rectángulo en planchas y, a continuación, en tiras.

Si las hacéis caseras, cortad las batatas y patatas y echadlas en tres cuencos distintos con agua. Si utilizáis batatas y patatas de bolsa, cocinadlas siguiendo las instrucciones del paquete y pasad directamente a la manera de servirlas.

Veinte minutos antes de freírlas, secad las batatas y las patatas y rebozad en maicena o almidón de patata primero las batatas y después las patatas. Luego disponedlas en tres bandejas de hornear distintas forradas con papel de horno.

Forrad tres bandejas más con papel de horno o papel de cocina y reservadlas.

Calentad el aceite a 190 °C en una cazuela de fondo grueso y freíd las batatas por tandas. Incorporad primero, con ayuda de una espumadera, las batatas y freídlas unos 5 minutos, hasta que suban a la superficie.

Sacadlas y extendedlas en una bandeja, asegurándoos de que no estén amontonadas. Repetid la operación con las patatas, asegurándonos de separarlas bien. Cuando estén toda fritas, meted las bandejas 30 minutos en el congelador.

Precalentad el horno a 120 °C.

Subid el horno a 190 °C y, trabajando nuevamente por tandas, hornead las batatas de 7 a 10 minutos, hasta que estén crujientes por fuera y tiernas por dentro. Pasadlas a una fuente apta para el horno o una bandeja de hornear cubierta de papel de cocina y salpimentadlas al gusto. Reservad la fuente o la bandeja en el horno para mantenerla caliente.

Cuando vayáis a servirlas, poned las patatas moradas en un cuenco grande en el que previamente habréis introducido el ajo, el parmesano y el perejil y pasadlas a una fuente grande. Sazonad las patatas en espiral con las especias Tajín y disponedlas en la fuente dándoles volumen. Haced lo mismo con las batatas. Servid las salsas en cuencos pequeños o ramequines y colocadlas en la tabla.

Delicias fritas con queso

Temporada 6, episodio 11
«El de lo que podría haber sido: Parte 2»

PARA: 6 raciones
PREPARACIÓN: 40 minutos

«¿Qué me ha preparado mi pichoncito esta noche?», pregunta un obeso Joey a Monica en el universo alternativo en que ambos son pareja, en lugar de Monica y Chandler. «Tu plato favorito», responde ella con una sonrisa. «¡Delicias fritas con queso!», deduce él.

PEPINILLOS FRITOS:

20 rodajas de pepinillos en vinagre escurridos con eneldo *kosher*
2 tazas de suero de leche
4 cucharadas de mostaza en polvo
4 cucharadas de ajo en polvo
½ taza de sazonador Old Bay o sazonador de barbacoa
Salsa picante
1½ litro (6 tazas) de aceite de colza para freír
2 tazas de harina de trigo
1 taza de maicena

QUESO CON PIMIENTO:

2 tazas de queso cheddar rallado
½ taza de crema agria
½ taza de mayonesa
2 cucharadas de salsa Worcestershire
1 cucharada de ajo en polvo
1 cucharada de cebolla en polvo
½ taza de pimientos morrones en conserva en dados más 2 cucharadas de su líquido
Sal y pimienta

PARA PREPARAR LOS PEPINILLOS FRITOS:

Meted los pepinillos en un recipiente hermético.

En un cuenco pequeño, mezclad el suero de leche con 2 cucharadas de la mostaza en polvo, 2 cucharadas del ajo en polvo, ¼ taza de Old Bay o de sazonador de barbacoa y salsa picante al gusto. Verted sobre los pepinillos y agitad bien. Marinad los pepinillos, tapados, unas 4 horas en la nevera.

Una hora antes de servir, sacad los pepinillos de la nevera y reservadlos hasta que estén a temperatura ambiente.

Calentar el aceite a 190 °C en una cazuela grande o mediana de fondo grueso.

En un cuenco grande, mezclad la harina, la maicena y las especias restantes. Rebozad los pepinillos, asegurándoos de que queden bien cubiertos.

Trabajando por tandas, utilizad una espumadera para freír los pepinillos unos 2 minutos, hasta que estén dorados por un lado. Luego, dadles la vuelta y freídlos de 1 a 2 minutos más. Pasadlos a una bandeja cubierta con papel de cocina. No friais muchos a la vez, y aseguraos de que el aceite está siempre a 190 °C entre tanda y tanda.

PARA PREPARAR EL QUESO CON PIMIENTO:

En un procesador de alimentos, triturad de 2 a 3 minutos el queso *cheddar*, la crema agria, la mayonesa, la salsa Worcestershire, el ajo en polvo, la cebolla en polvo y los pimientos hasta que todo esté bien amalgamado pero sin que quede una crema completamente lisa. Salpimentad al gusto y servid en un cuenco pequeño junto a los pepinillos fritos.

Salchichas nupciales en saco

Temporada 2, episodio 11
«El de la boda lesbiana»

PARA: 24 aperitivos
PREPARACIÓN: 25 minutos

Cuando va contrarreloj para terminar la comida de la boda de Carol y Susan, Monica pone a Joey a cargo de meter las salchichas en el saco. Se trata de un aperitivo clásico y delicioso que se puede servir en cualquier acontecimiento. Estas salchichas envueltas sin duda dejarán boquiabiertos a vuestros amigos y familia.

225 gramos de hojaldre
150 gramos de queso Gournay, como Boursin
340 gramos de salchichas de cóctel

Precalentad el horno a 190 °C.

Desenrollad la masa de hojaldre y cortadla en triángulos. A su vez, cortad cada triángulo en 3 triángulos pequeños.

Untad con queso el borde más corto de cada triángulo.

Colocad una salchicha encima del queso y enrollad la masa con delicadeza hasta la punta.

Pasad los cruasanes a una bandeja de horno y horneadlos de 12 a 15 minutos, hasta que estén dorados.

Temporada 6, episodio 16
«El de lo que podría haber sido: Parte 2»

Sabes lo que dicen de las ostras, ¿verdad?

PARA:
6 raciones

PREPARACIÓN:
30 minutos

Cuando los amigos imaginan cómo podrían haber sido sus vidas, en su realidad alternativa Monica sigue siendo virgen a los treinta años. Desesperada por ponerle fin a esta situación y entregarle a alguien su flor, prepara ostras para intentar poner a tono a su novio. Quizá queráis servir este clásico afrodisiaco con un cuscús del Oriente Medio para comerlo con las manos. Sensual, ¿no?

12 ostras frescas
½ taza de «Pesto de grelos, el mejor» (página 10)
½ taza de «Paté de jamón» (página 10)
½ taza de queso parmesano rallado
Ramitas de eneldo fresco para decorar

Precalentad el grill del horno y forrad una bandeja de hornear con papel de horno.

Abrid las ostras, dejadlas en la concha inferior y colocadlas en la bandeja.

Cubrid cada ostra con una capa de pesto y paté de jamón y espolvoreadlas con parmesano.

Gratinadlas de 2 a 3 minutos, hasta que el queso burbujee y presente un color dorado en algunas partes. Adornad con eneldo fresco y servid de inmediato.

Hamburguesitas de cangrejo

Temporada 9, episodio 14
«El de las citas a ciegas»

PARA: 6 raciones
PREPARACIÓN: 45 minutos

Cuando a Ross le da plantón una cita a ciegas, los camareros se proponen conseguir que se lo pase bien y le llevan unas hamburguesitas de cangrejo a las que invita la casa. Más adelante, Ross se entera de que los camareros han hecho una pequeña porra sobre cuánto tiempo tardará en rendirse e irse a casa. Sintiéndose ofendido, Ross decide marcharse en el acto, pero no sin llevarse sus hamburguesitas de cangrejo gratis.

1 chalota grande
Aceite de oliva
Sal y pimienta
½ taza de *crème fraîche*
450 gramos de carne de cangrejo jumbo
⅓ taza de cebollino picado
⅓ taza de eneldo picado grueso
1 cucharada de salsa Worcestershire
1 huevo
1 cucharada de sazonador Old Bay
¾ taza de pan rallado *panko*
Aceite de colza o aceite vegetal para freír
Huevos fritos (opcional)
Mayonesa de *sriracha*
«Tomates verdes encurtidos» (página 58)

Precalentad el horno a 175 °C y forrad una bandeja de hornear con papel de horno.

Pelad la chalota y aplastadla con un rodillo o el mango de un cuchillo. Echadle un chorrito de aceite de oliva y salpimentadla. Pasad a la bandeja y hornead la chalota unos 20 minutos, hasta que esté tierna y desprenda su aroma.

Con una batidora de vaso, triturad la chalota asada con la *crème fraîche*. Reservad.

En un cuenco medio, mezclad la carne de cangrejo, el cebollino, el eneldo, la salsa Worcestershire el huevo, el sazonador Old Bay y el pan rallado y salpimentad al gusto. Aseguraos de que todos los ingredientes están bien integrados.

Introducid la mezcla en un recipiente hermético y dejad marinar en la nevera de 1 a 4 horas.

Forrad una bandeja de hornear con papel de horno, formad hamburguesitas de cangrejo de unos 10 centímetros y distribuidlas en la bandeja.

Poned a fuego alto una sartén de freír mediana. Cuando esté caliente, bajad a fuego medio y añadid 1,25 centímetros de aceite.

Trabajando por tandas, freíd las hamburguesitas de cangrejo 2 minutos, hasta que estén crujientes y doradas. Con ayuda de una espátula para pescado, dadles la vuelta y freíd de 2 a 3 minutos más. Pasad a un plato o una bandeja con papel de cocina.

Servidlas con huevos fritos, y, si queréis, también mayonesa de *sriracha* y tomates verdes encurtidos.

Salsa de atún para mojar pan

Temporada 7, episodio 5
«El de la foto de compromiso»

PARA: 6 raciones
PREPARACIÓN: 1 hora

Tag, el joven y atractivo ayudante de Rachel, tiene muy poca experiencia —tres años pintando casas, dos veranos trabajando en un restaurante—, pero hace abdominales a la hora de comer en la oficina, y está claro que eso es una destreza. Es tan guapo que está para mojar pan, claro que ella no va a acosarlo. De eso nada, Rachel Greene es una profesional como la copa de un pino.

140 gramos (dos latas) de atún claro natural escurrido
115 gramos de queso en crema
⅓ taza de mayonesa
1½ cucharada de salsa Worcestershire
La ralladura y el zumo de 1 limón
1 cucharadita de humo líquido (opcional)
1 cucharadita de pimentón ahumado
¼ taza de cebollino fresco medido y después picado, más un poco para adornar
¼ taza de eneldo fresco medido y después picado
½ cucharada de ajo en polvo
Sal y pimienta
280 gramos de *crackers*

En un procesador de alimentos, triturad de 2 a 3 minutos el atún, el queso crema, la mayonesa, la salsa Worcestershire, la ralladura y el zumo de limón, el humo líquido (si decidís emplearlo), el pimentón, el cebollino, el eneldo y el ajo en polvo hasta obtener una pasta homogénea y lisa. Salpimentad al gusto.

Pasad la mezcla a un cuenco de servir y adornadla con un poco de cebollino. Servid con las crackers.

Comprad atún que haya sido capturado sin dañar delfines.

Ceviche de gambas con salsa ponzu y wontón frito

Temporada 1, episodio 15
«El del hombre colocado»

PARA:
6 raciones

PREPARACIÓN:
40 minutos

Monica tiene una entrevista de trabajo para el restaurante de sus sueños. Como quiere dejar boquiabierto al propietario, Steve, de primer plato prepara raviolis rellenos de marisco con una salsa *ponzu* de cilantro aderezada con una pizca de jengibre. Sin embargo, de camino a la entrevista, Steve se fuma un porro y se come los raviolis en un santiamén, afirmando que podría comerse cien más. Si hubiese optado por preparar este ceviche de gambas, Monica quizá hubiese podido hacer bastante para aplacarlo hasta que tuviera listo el segundo plato. La entrevista es un fracaso, pero este plato es increíble. Servidlo con la «*Galette* de cebolla de Monica» (página 95) ocho minutos y medio más tarde.

WONTÓN FRITO:

400 gramos de pasta wontón o de pasta para rollitos
1½ litro (6 tazas) de aceite de colza o de aceite vegetal para freír
Sal y pimienta

CEVICHE:

1 cucharadita de jengibre fresco rallado
½ taza de salsa *ponzu*
¼ taza de zumo de piña
1 diente de ajo picado fino
1 taza de piña cortada en daditos
1 cebolla morada mediana cortada en dados
2 chiles fresno cortados en dados
1 kilo de gambas frescas grandes, peladas y cortadas en trozos de 2,5 centímetros
1 taza de cilantro picado grueso
Sal y pimienta
Unas ramitas de cilantro para adornar
Un gajo de lima para adornar

PARA PREPARAR EL WONTÓN FRITO:

Con ayuda de un cortador de pizza, cortad la pasta wontón o la pasta para rollitos en tiras de unos 4 centímetros. Disponed las tiras en una bandeja de hornear forrada con papel de horno y tapadlas con un paño de cocina humedecido.

Poned a fuego medio-alto una cazuela de fondo grueso y calentad el aceite a 150 °C.

Cuando esté caliente, bajad a fuego medio y, trabajando por tandas, freíd las tiras de pasta 1 minuto, hasta que burbujeen y adquieran un color amarillo. Dadles la vuelta y freídlas 1 minuto más por el otro lado.

Sacadlas con ayuda de una espumadera y pasadlas a un plato grande cubierto con papel de cocina. Salpimentad al gusto.

TO MAKE THE CEVICHE:

En una batidora de vaso, procesad de 2 a 3 minutos el jengibre, la salsa *ponzu*, el zumo de piña y el ajo, hasta que todos los ingredientes estén integrados.

Introducid en un cuenco grande la piña, la cebolla, los chiles y las gambas. Añadid la marinada de *ponzu*, removed y dejad marinar las gambas de 15 a 20 minutos. Las gambas pasarán del color gris a un rosa claro translúcido, ya que se cocinarán en la salsa.

Antes de servir, agregad el cilantro y salpimentad al gusto. Disponed el ceviche en un cuenco, dándole volumen, y adornadlo con unas ramitas de cilantro y un gajo de lima. Servidlo con tiras de wontón frito.

Salsa de alcachofas de Janice

Temporada 1, episodio 10
«El del mono Marcel»

PARA: 6 raciones
PREPARACIÓN: 40 minutos

La clásica salsa de alcachofas es un éxito en todas las fiestas. Cuando Monica la sirve en Nochevieja, a Janice le encanta. «Empiezo el régimen mañana», afirma.

1 taza de queso parmesano rallado
⅓ taza de *crème fraîche*
225 gramos de corazones de alcachofa escurridos
La ralladura y el zumo de 1 limón
2 dientes de ajo picados finos
Sal y pimienta
«Pan de ajo de emergencia» (página siguiente) o crackers para servir

Precalentad el horno a 175 °C.

En un procesador de alimentos, triturad de 2 a 3 minutos ¾ de taza del parmesano, la *crème fraîche*, los corazones de alcachofa, la ralladura y el zumo de limón y los dientes de ajo hasta que todo esté bien integrado. Salpimentad al gusto y procesad de nuevo para incorporarlo todo. Pasad la mezcla a una bandeja de hornear y horneadla de 15 a 20 minutos, hasta que se dore.

Poned a fuego medio una sartén antiadherente y, cuando esté caliente, agregad de 1 a 2 cucharadas del parmesano restante en un montoncito. Dejad de 3 a 5 minutos, hasta que se funda y forme una oblea crujiente. Retiradla del fuego y pasadla a una bandeja de hornear forrada con papel de horno. Repetid la operación con el resto del parmesano.

Para servirlo, disponed la salsa de alcachofas en un cuenco, colocad en el centro, en vertical, una o dos obleas de parmesano, y servidlo con el pan de ajo de emergencia o *crackers*.

Pan de ajo de emergencia

Temporada 8, episodio 3
«El de cuando Rachel se lo cuenta»

PARA: 6 raciones
PREPARACIÓN: 30 minutos

¿Os podéis creer que Chandler y Monica no se fíen de Joey ni de Phoebe para que se queden con la llave de su casa después de tantos años? Pues ellos tampoco se lo creen. Cuando Chandler y Monica se van de luna de miel y Joey y Phoebe se dan cuenta de que en su casa hay cosas que necesitan sí o sí —una guitarra y pollo asado, concretamente—, deciden llamar al conserje, Treeger, para que les abra la puerta, diciendo que es una emergencia, un escape de gas. Ah, y que traiga pan de ajo.

- 1 hogaza de pan de masa madre
- 5-6 dientes de ajo picados finos
- 1 taza de mantequilla sin sal a temperatura ambiente
- ⅓ taza de queso parmesano rallado (opcional)
- ¼ taza de perejil picado fino
- Sal y pimienta

Precalentad el horno a 175 °C y forrad una bandeja de hornear con papel de horno.

Cortad la hogaza en rebanadas de 5 centímetros de grosor y disponedlas boca arriba en la bandeja.

En un cuenco pequeño, mezclad el ajo, la mantequilla, el parmesano (si lo vais a utilizar) y el perejil.

Con ayuda un pincel de cocina o una espátula de silicona, untad las rebanadas de pan con la mantequilla.

Horneadlas unos 10 minutos, hasta que el pan esté crujiente y dorado. Salpimentad las rebanadas al gusto y servidlas calientes.

«Esto lo arreglo yo. Hola, señor Treeger, soy Joey Tribbiani. Escuche, tengo que entrar en el piso de Monica y Chandler, es una emergencia. Ah… un escape de gas, sí, y traiga pan de ajo.»

—Joey

Queso: es leche que masticas

Consejos para preparar la tabla de quesos perfecta

Temporada 9, episodio 11
«El de cuando Rachel vuelve al trabajo»

YIELD: 6-10 raciones
PREPARACIÓN: 30 minutos

Todo el mundo sabe que Chandler es el ingenioso, divertido y sarcástico del grupo. Tal vez a este analista de datos le pueda ir bien en publicidad. No os perdáis sus creativos eslóganes para el queso e intentad preparar una tabla.

PASO 1: QUESO: ES LECHE QUE MASTICAS
No hace falta que dejéis las tablas de queso en manos de profesionales. Para crear un delicioso plato o tabla de quesos, planteaos utilizar quesos distintos hechos con distintas clases de leche: vaca, cabra y oveja. Pensad también en variar la textura de los quesos. Empezad escogiendo tres texturas de quesos de distintos tipos de leche: probad con un queso firme, curado, como el gouda, de cabra; uno semiblando de oveja, como el Petit Basque; y uno blando de cabra, como el *brie*. Para servirlos, cortad el gouda curado en rectángulos y el Petit Basque en triángulos y disponedlos en una tabla o una fuente grandes. Dejad el *brie* entero y colocadlo en el centro. La corteza de algunos quesos no es comestible, así que aseguraos de quitarla antes de servirlos.

PASO 2: GALLETAS: PORQUE TU QUESO NECESITA UN COLEGA
Chandler tiene razón, vuestro queso necesita un colega, pero el colega no siempre ha de ser una galleta. Otros colegas pueden ser distintas clases de fiambre y embutido, colines, panes variados y frutos secos. A la hora de buscarle un colega a un queso, pensad en las notas del queso. ¿Es ligeramente dulce y mantecoso, como el Petit Basque? En ese caso, probad a emparejarlo con embutidos curados y almendras saladas o garrapiñadas. ¿Es cremoso y suave, con aroma a hongos, como el brie? Entonces servidlo con rebanadas de *baguette*. En la tabla, colocad a los colegas junto a

los respectivos quesos, dándole volumen, pero sin sobrecargarla. Si utilizáis almendras u otros frutos secos, los podéis colocar en un cuenco pequeño de cerámica o cristal en lugar de directamente en la tabla.

PASO 3: UNA UVA: PORQUE A QUIÉN LE CABE UNA SANDÍA EN LA BOCA

La fruta es un excelente acompañante de la mayoría de los quesos. Las rodajas de manzana encajan a la perfección con el gouda curado, y las uvas blancas van estupendamente con el Petit Basque. Pero no tenéis por qué limitaros a las frutas frescas. Probad la mermelada de higo con el Petit Basque o el *brie*, o la mostaza con el gouda curado y la manzana. Eso sí, aseguraos de rociar la manzana con un poco de zumo de limón para que no se oxide. Para terminar, con ayuda de unas tijeras cortad pequeños racimos de 5 o 6 uvas para que vuestros invitados las puedan coger de una vez, sin tener que separarlas del resto. Disponed los racimos en los huecos que queden en la tabla. A continuación, colocad las rodajas de manzana junto a un pequeño bol con mostaza al lado del gouda curado. Partid en cuartos unas brevas y dejadlas cerca del *brie*. Llenad otro pequeño bol con mermelada de higo y ponedlo junto al *brie* o junto al Petit Basque.

Guarniciones

Mmm... ¡sopa de fideos!

Sopa fría de pepino y melocotón

Ensalada de acompañamiento de Rachel

Macedonia de Melanie

Judías mágicas

Pollo y alubias negras con grasa de pato

Ensalada de kale

Tomates verdes encurtidos

Cuscús de cereza con mantequilla tostada

Mmm... ¡Sopa de fideos!

Temporada 5, episodio 18
«En el que Rachel fuma»

PARA:
6 raciones

PREP AND COOK TIME:
1½ hora

Cuando realiza una audición para un anuncio en el que hace el papel de un padre que come sopa con su hijo, Joey no termina de aprenderse el texto. Lo único que tiene decir es: «Mmm… sopa», pero él no para de decir: «Mmm… sopa de fideos». Se diga lo que se diga, lo que está claro es que esta sopa os calentará el cuerpo. Y el huevo le aporta una consistencia, pero también una ligereza, que hace que no parezca un guiso.

- 8 tazas de «Caldo de pavo» (página 14)
- 4 huevos
- La ralladura y el zumo de 2 limones pequeños
- 500 gramos de salchichas de pollo en trozos de 5 centímetros
- 225 gramos de pasta de letras
- 1 cucharada de guindilla seca en copos
- 1 taza de «Kale cortado en *chiffonade*» (página 57)
- Sal y pimienta

En una cazuela grande, poned el caldo de pavo a fuego medio-alto hasta que rompa a hervir y bajad a fuego medio.

En un cuenco grande, batid las claras de los huevos de 2 a 3 minutos a velocidad media-alta con una batidora de brazo hasta que formen picos blandos. Mientras batís, añadid el zumo de un limón.

En un cuenco mediano, batid con una varilla las yemas de los huevos hasta que se vuelvan de un amarillo claro e incorporad a las claras con movimientos envolventes. Añadid despacio un cazo del caldo de pavo para atemperar la mezcla.

Una vez atemperada, incorporad con delicadeza los huevos al caldo sin parar de remover, para evitar que los huevos se cuajen. Removed hasta que el caldo espese, unos 5 minutos.

Cuando haya espesado, agregad la salchicha, dejad cocinar unos 4 o 5 minutos y añadid la pasta. Dejad entre 5 y 7 minutos, hasta que la pasta esté al dente y haya aumentado de tamaño. Retirad la cazuela del fuego, añadid los copos de guindilla y la col, removed y tapad.

Dejad reposar la sopa tapada unos 5 minutos, hasta que la col se ablande. Salpimentad al gusto.

NOTA DE LA CHEF MONICA: Para atemperar, se añade poco a poco un líquido caliente a los huevos en pequeñas cantidades para que estos no cuajen.

Sopa fría de pepino y melocotón

Temporada 2, episodio 5
"The One With Five Steaks and an Eggplant"

PARA: 6 raciones
PREPARACIÓN: 30 minutos
REPOSO: 2-6 horas

Cuando los amigos salen a cenar para celebrar el ascenso de Monica, no todos pueden permitirse pedir un plato caro. Pero eso no significa que el económico tazón de sopa de pepino de Phoebe tenga que ser aburrido. Esta versión incluye melocotones, yogur y menta fresca, y con una batidora de vaso prepararla es pan comido.

1½ taza de yogur de leche de cabra o de yogur griego
1 pepino grande cortado en dados
4-6 melocotones medianos pelados y cortados en dados
2 cucharadas de miel
1 cucharada de vinagre de Módena o de vinagre de vino blanco
½ taza de agua
8-10 hojas de menta
Pimienta negra recién molida

Introducid todos los ingredientes salvo la menta y la pimienta en una batidora de vaso y trituradlos 1 o 2 minutos a velocidad alta, hasta obtener una crema suave. Reservadla en un recipiente hermético y refrigeradla de 2 a 6 horas.

Cuando este fría y lista para servir, disponedla en cuencos y adornadla con hojitas de menta y pimienta negra recién molida.

Ensalada de acompañamiento de Rachel

Temporada 2, episodio 5
«El de los cinco filetes y una berenjena»

PARA: 2 raciones
PREPARACIÓN: 20 minutos

Aunque el presupuesto sea limitado, esta ensalada puede ser algo más que el acompañamiento de vuestra agua.

- 2 rabanitos lavados y cortados en rodajas finas
- 3-4 brotes de ajo lavados o 2 dientes de ajo
- ¼ taza de aceite de oliva virgen extra y un poco más para rociar
- Sal y pimienta
- 4 cucharaditas de vinagre de champán
- El zumo de ½ naranja sanguina o normal
- 1½ cucharadas de miel
- 2 corazones de lechuga o 1 lechuga romana partida por la mitad

Introducid en un cuenco pequeño las rodajas de rabanito y cubrid con agua para que conserven el color. Reservadlas.

Precalentad el horno a 220 °C y forrad una bandeja de hornear con papel de aluminio.

Colocad los brotes de ajo en la bandeja de hornear, rociadlos con aceite de oliva y echadles sal. Si utilizáis los dientes de ajo, saltaos este paso. Hornead de 7 a 10 minutos los brotes, hasta que estén tiernos. Sacadlos del horno y reservadlos.

En un procesador de alimentos, introducid los brotes de ajo asados, el vinagre de champán, el zumo de naranja y la miel y batid con la función pulso entre 3 y 5 minutos, hasta que se empiece a formar una vinagreta. Mientras batís, id añadiendo poco a poco el aceite de oliva hasta que la salsa espese. Salpimentad al gusto.

Escurrid y secad los rabanitos.

Para montar la ensalada, disponed los corazones de lechuga partidos por la mitad en un plato y poned encima de cada uno de 3 a 5 rodajas de rabanito. Aderezad generosamente con la vinagreta.

«No sé, ¿por qué no la deja aquí, al lado de mi agua?»

—Rachel

Macedonia de Melanie

Temporada 1, episodio 24
«El de las sorpresas»

PARA: 6 raciones
PREPARACIÓN: 35 minutos

Como está en las últimas, Joey participa en un estudio de esperma para sacarse un dinerillo y la investigación no le permite realizar ningún, ejem, experimento personal. Su novia de ese momento, Melanie, se encariña con él después de que le haga cosas que no suele hacer. Puesto que tiene un negocio de cestas de fruta, Melanie se asegura de que a Joey no le falten las cestas para mostrarle su agradecimiento.

¼ taza de azúcar
½ taza de vinagre de vino blanco
1 piña grande pelada y cortada en trozos de 5 centímetros
2 pomelos grandes pelados en vivo
½ taza de hojas de menta troceadas con la mano
Pimienta de Alepo en copos o guindilla seca en copos
Sal y pimienta (opcional)
Aceite de oliva virgen extra (opcional)

Poned a fuego medio-bajo en un cazo mediano el azúcar y el vinagre.

Removiendo de vez en cuando, dejad de 5 a 7 minutos, hasta que el azúcar y el vinagre espesen y la mezcla parezca un sirope suelto, que pueda recubrir el dorso de una cuchara de palo. Cuando haya espesado, retirad del fuego y reservad.

Alternad trozos de piña y gajos de pomelo en una fuente de servir y rociad con el vinagre reducido.

Espolvoread con menta y copos de pimienta de Alepo.

Si os apetece una macedonia más salada, salpimentadla al gusto y, si queréis, añadid un hilo de aceite de oliva.

NOTA DE LA CHEF MONICA: Pelar en vivo significa sacar los gajos de un cítrico y retirar la membrana que hay entre ellos. Para ello, pelad la fruta con un cuchillo y cortad con cuidado entre gajo y gajo, dejando a un lado la piel que recubre los gajos.

Judías mágicas

Temporada 1, episodio 4
«Rachel recibe su primera nómina»

PARA: 6 raciones
PREPARACIÓN: 30 minutos

Bienvenida al mundo real, Rachel. Cuando deja plantado a Barry en el altar y se va a vivir con Monica, Rachel deja de utilizar la tarjeta de crédito de su padre, unos tipos de Hacienda se quedan con su dinero y acaba sirviendo café (¡y ni siquiera es para ella!). Aunque no se siente bien, Phoebe y Monica le aseguran que está siendo increíble, que se ha independizado y, aunque ha sacrificado a un dentista, tiene unas judías mágicas y una enorme planta que le abrirá el camino hacia un mundo lleno de posibilidades. Pero, aunque solo consiga judías, Rachel siempre podrá hacer con ellas esta receta mágica y encontrarse estupendamente con la ayuda de sus amigos.

2 lonchas de beicon ahumado gruesas cortadas en dados
1 cebolla amarilla pequeña cortada en dados
Sal y pimienta
800 gramos de judías con chorizo
¼ taza de melaza
¼ taza de azúcar moreno bien compactado
¼ taza de kétchup
2 cucharaditas de mostaza en polvo
2 cucharadas de vinagre de manzana

Poned a fuego medio-alto una sartén antiadherente. Cuando esté caliente, bajad a fuego medio y añadid los dados de beicon. Freídlos de 7 a 8 minutos, hasta que estén crujientes y firmes.

Con ayuda de una espumadera, sacad el beicon y pasadlo a un plato con papel de cocina. En la grasa del beicon, saltead entre 5 y 7 minutos la cebolla, hasta que esté dorada, y sazonadla con pimienta.

Poned a fuego bajo en una cazuela mediana las judías con chorizo. Añadid el beicon y la cebolla y removed.

Agregad la melaza, el azúcar moreno, el kétchup, la mostaza en polvo y el vinagre de manzana y removed bien. Dejad cocer a fuego lento de 5 a 10 minutos y salpimentad al gusto.

NOTA DE LA CHEF MONICA: Mientras preparáis el resto de la comida, dejad las alubias al mínimo hasta que vayáis a servirlas. Solo tenéis que removerlas de vez en cuando. Podéis servirlas de acompañamiento del «Pollo frito en la bañera» (página 105).

Pollo y alubias negras con grasa de pato

PARA: 6 raciones
PREPARACIÓN: 1 hora

Chandler y Joey son los insólitos padres de un pollito y un pato, pero los cuatro forman una bonita familia. Cuando la pollita sufre «algunos cambios», se convierte en un gallo que despierta a Rachel al amanecer. A ella probablemente le gustara más esa pollita servida con alubias negras y tal vez con los «Chilaquiles de Ross» (página 29).

Estas alubias también van muy bien con las «Fajitas abrasamanos de Ross» (página 107). Si las coméis con los «Chilaquiles de Ross» (página 29), acompañadlas de una deliciosa mimosa y de la «Macedonia de Melanie» (página 54).

425 gramos de alubias negras
¾ taza de «Caldo de verduras» (página 14)
2 cucharadas de orégano seco
El zumo de 1 naranja
2-4 dientes de ajo picados finos
½ taza de grasa de pato o aceite de coco
Sal y pimienta

En una cazuela mediana, poned a fuego medio las alubias con su líquido, el caldo de verduras, el orégano, el zumo de naranja y el ajo y dejad que cuezan a fuego lento de 5 a 7 minutos.

Retirad de la cazuela ¼ taza de líquido y escurrid el resto.

Poned a fuego medio-alto una sartén grande y, cuando esté caliente, añadid la grasa de pato o el aceite de coco y las alubias y dejad casi hasta que rompan a hervir. En ese punto, empezad a machacarlas. Si veis que se secan, bajad el fuego e id añadiendo cucharadas del líquido reservado. Seguid haciéndolas puré hasta obtener una mezcla cremosa pero no completamente lisa, de 3 a 5 minutos. Salpimentad al gusto.

Ensalada de kale

PARA: 6 raciones
PREPARACIÓN: 45 minutos

Servid la ensalada con un rico Riesling seco, encended unas velas y, de postre, sorprended con «El de la gran tarta de chocolatinas» (página 158).

- 1 chalota grande
- 1 cucharadita de aceite de oliva más la necesaria para el aliño y el kale
- Sal y pimienta
- 225 gramos de *crème fraîche* o yogur griego bajo en grasa
- ¼ taza de *tahini*
- El zumo de ½ limón
- 1 manojo grande de kale (12-16 hojas) sin las pencas
- 1 zanahoria rallada
- ½ taza de almendras ahumadas, pesadas y picadas gruesas

Pelad la chalota, rociadla con aceite de oliva y salpimentadla. Pasadla a la bandeja y horneadla de 10 a 15 minutos, hasta que esté tierna y desprenda su aroma. Reservad.

En la batidora de vaso, batid con la función pulso la *crème fraîche* o el yogur griego, el *tahini* y el zumo de limón. Añadid la chalota y batid alrededor de 1 minuto a velocidad media-alta hasta que se forme un aliño. Si queda demasiado acuoso, podéis añadir un hilo de aceite de oliva mientras batís. Si queda demasiado espeso, podéis añadir más zumo de limón mientras batís. Salpimentad al gusto. El aliño se puede preparar el día anterior y conservar en la nevera por la noche. Antes de montar la ensalada, sacadlo y dejadlo 15 minutos a temperatura ambiente.

Mientras el aliño reposa, frotad con un poco de aceite de oliva las hojas de kale unos minutos para ablandarlas. Para cortarlas en *chiffonade*, superponed las hojas, enrolladlas bien apretadas en sentido longitudinal y, con ayuda de un cuchillo afilado, cortadlas en tiras finas. Mezclad las tiras de col con la zanahoria rallada y añadid el aliño. Disponedlas en un cuenco, dándole volumen, y agregad las almendras ahumadas.

Tomates verdes encurtidos

Temporada 1, episodio 7
«El de cuando Ross se entera»

PARA: 6 raciones
PREPARACIÓN: 40 minutos

Nuestros amigos de *Friends* no son muy bebedores, pero de vez en cuando ni siquiera ellos pueden evitar ahogar sus penas en alcohol. Justo cuando Rachel se da cuenta de lo que siente por Ross, este empieza a salir con Julie. Rachel reacciona bebiendo demasiado vino, tanto que le pide prestado el móvil a un desconocido para llamar a Ross y decirle que lo ha olvidado. Lo ha olvidado, sí, definitivamente. Y eso es lo que se llama pasar página.

Disfrutad estos tomates con la «El de la cesta de pícnic (*rillettes* de pato)» (página 108) y *baguettes* o *crackers* o en un «Festín de salchichas en honor del tío feo desnudo» (página 98).

- 6-8 tomates verdes pequeños o medianos cortados en cuñas
- ½ limón pelado y cortado en gajos
- 3-4 dientes de ajo
- 3 cucharadas de pimienta rosa en grano
- ½ taza de azúcar
- ½ cucharadita de sal *kosher*
- 1½ taza de vinagre de manzana
- ½ taza de agua
- 1 cucharada de lavanda para uso culinario (opcional)
- ¼ taza de *bourbon*

Introducid las cuñas de tomate en un tarro para encurtidos esterilizado de un litro y añadid el limón, los dientes de ajo y los granos de pimienta.

Poned a fuego medio en una cazuela mediana el azúcar, la sal, el vinagre de manzana, el agua, la lavanda y el *bourbon* y cocinad durante 10 o 12 minutos, hasta que el líquido esté a punto de hervir o hasta que la sal y el azúcar se hayan incorporado al líquido.

Verted el líquido en el tarro y tapadlo con un paño de cocina limpio o una estameña hasta que el líquido se haya enfriado. Una vez frío, cerrad con la tapa y meted en la nevera 4 horas como mínimo.

Temporada 6, episodios 15 AND 16
«El de lo que podría haber sido: Partes 1 y 2»

Cuscús de cereza y mantequilla tostada

PARA: 6 raciones
PREPARACIÓN: 25 minutos

En una realidad alternativa, Monica tiene treinta años y está saliendo con el doctor Roger, un sabelotodo que le gusta lo bastante como para plantearse entregarle su flor. Le prepara una cena romántica con cuscús, pero él recibe una llamada y tiene que ir al hospital. Cuando Chandler —la verdadera alma gemela de Monica— se presenta para cenar con ella, intenta hacer que Monica se sienta mejor imitando al doctor Roger para que parezca que está con él: «no añadieron el segundo -cus hasta el 1979».

Para preparar vuestra propia cena romántica, servid el cuscús con «Sabes lo que dicen de las ostras, ¿verdad?» (página 39). Si decidís llevar este plato a un pícnic, acompañadlo de «El de la cesta de pícnic (*rillettes* de pato)» (página 108): puede conservarse en un recipiente hermético y está delicioso al día siguiente, frío.

- 1¾ taza de «Caldo de verduras» (página 14) o caldo comprado
- ¼ taza de cerezas deshidratadas
- 1 taza de cuscús
- ½ taza de mantequilla con sal
- Sal y pimienta
- 10-12 hojas de menta fresca troceadas con la mano
- La ralladura de ½ limón
- 1 cucharadita de canela en polvo
- 1 cucharadita de cardamomo en polvo
- ¼ taza de almendras fileteadas

Poned a fuego medio-alto en una cazuela mediana el caldo de verduras y las cerezas hasta que rompa a hervir. Cuando hierva, apagad el fuego y añadid el cuscús. Retirad la cazuela del fuego, tapad y dejad reposar de 5 a 10 minutos, hasta que el cuscús haya absorbido todo el líquido y se haya ablandado. Si después de 10 minutos el cuscús sigue estando algo entero, dejad reposar unos minutos más.

Poned la mantequilla a fuego medio en un cazo pequeño. Dejad unos 5 minutos, hasta que se derrita y empiece a tostarse. No la perdáis de vista, porque una vez derretida se puede quemar deprisa. Debería desprender un olor a nuez y tener un color marrón claro. Apartad del fuego.

Pasad el cuscús a un cuenco grande y deshaced delicadamente los granos que se hayan quedado apelmazados con ayuda de un tenedor. Id añadiendo despacio la cantidad de mantequilla tostada que queráis. El cuscús debería estar rico y sustancioso, pero no grasiento. Salpimentad al gusto.

Distribuid uniformemente la menta, la ralladura de limón, la canela, el cardamomo y la almendra tostada. Mezcladlo todo bien y ¡buen provecho!

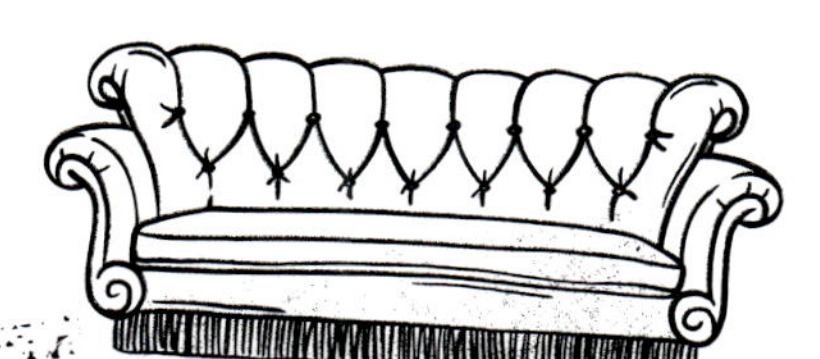

Sándwiches

La humidificadora

Temporada 5, episodio 9
«El del sándwich de Ross»

PARA: 1 sandwich
PREPARACIÓN: 10 minutos

Según Ross, Monica prepara los mejores bocadillos de sobras de pavo de Acción de Gracias. El secreto es una rebanada extra de pan empapada en salsa en el centro, a la que él llama la humidificadora. Intentad no enfadaros si vuestro jefe se come casi todo vuestro alucinante bocadillo sin preguntar. Y, sobre todo, intentad no perder la calma cuando descubráis que tiró a la basura un trozo, aunque tengáis treinta años, os vayáis a divorciar por segunda vez, os hayan echado a la calle y ese bocadillo fuera lo único bueno que había en vuestra vida.

- 3 rebanadas de pan de molde
- Mayonesa (opcional)
- 2 cogollos de lechuga romana
- ½ taza de sobras de «Pavo asado» (página 129) o lonchas de pavo de buena calidad
- ¼ taza de sobras de «Relleno de pan de maíz» (página 131)
- ¼ taza de sobras de «Salsa» (página 130) o salsa comprada
- ¼ taza de «Salsa de chandlerándanos» (página 131) o salsa de arándanos enlatada
- Sal y pimienta

Disponed una rebanada de pan y untadla con mayonesa, si queréis utilizarla. Añadid una o dos hojas de lechuga, la mitad del pavo y la mitad del relleno.

Verted la salsa en un plato llano, humedeced en ella la segunda rebanada de pan por ambos lados y colocad esta humidificadora sobre el relleno de la primera rebanada de pan.

Añadid otra capa de lechuga, el pavo restante, «Salsa de chandlerándanos» y el relleno que os sobre y cubrid con la última rebanada de pan. Utilizad un palillo grande para mantenerlo y que no pierda su forma.

«Ese bocadillo era lo único bueno que había en mi vida.»

—Ross

Sándwich de pastel de carne de Monica

PARA: 6 sándwiches
PREPARACIÓN: 1½ hora
REPOSO: 6-8 horas

Monica es capaz de preparar una comida fantástica con cualquier cosa. Para la fiesta de despedida de Rachel ha preparado ostras ahumadas a la cazuela con una capa de cereales para el desayuno, judías en su salsa y, de postre, una naranja medio pocha. Si no os convence nada de esto, probad su sándwich de pastel de carne con sobras de «Mermelada de tomate» (página 74) y «Queso con pimiento» (página 36).

PASTEL DE CARNE:

680 gramos de carne de pavo picada
½ taza de pan rallado
1 cebolla blanca mediana cortada en dados
¼ taza de leche
2 huevos
2 cucharadas de tomillo picado grueso
2 cucharadas de orégano picado grueso
1 cucharada de mostaza en polvo
1 cucharada de sal de ajo
1½ cucharada de salsa Worcestershire
½ cucharadita de pimienta
Pulverizador de aceite
Mermelada de albaricoque

SÁNDWICH:

Mayonesa
Mostaza
12 rebanadas de rebanadas de pan de molde gruesas ligeramente tostadas
«Queso con pimiento» (página 36) o comprado
«Mermelada de tomate» (página 74) o comprada
12 lonchas de beicon cocido
1 cogollo de lechuga romana

PARA PREPARAR EL PASTEL DE CARNE:

Precalentad el horno a 190 °C.

En un cuenco grande, mezclad con las manos hasta integrar bien todos los ingredientes de la carne excepto el aceite y la mermelada. Procurad no trabajar la mezcla en exceso, o la carne de pavo se endurecerá.

Engrasad con el pulverizador de aceite un molde para pan de 20 x 10 x 6 centímetros y verted la mezcla de carne. Cubrid con una generosa capa de mermelada de albaricoque y hornead unos 45 minutos o hasta que la temperatura interior sea de 70 °C.

PARA PREPARAR EL SÁNDWICH:

Untad con mayonesa y mostaza una rebanada de pan y con queso con pimiento la otra rebanada. Cortad una rebanada gruesa de pastel de carne y colocadla sobre el queso con pimiento. Añadid una capa de mermelada de tomate, 1 o 2 lonchas de beicon y 1 o 2 hojas de lechuga. Cubrid con la otra rebanada de pan. Repetid la operación con el resto de ingredientes.

Sándwich de pastrami de pavo del trío de Ross

Temporada 6, episodio 16
«El de lo que podría haber sido: Parte 2»

PARA: 3 sandwiches
PREPARACIÓN: 30 minutos

¿Y si Carol no se hubiese dado cuenta de que era lesbiana? Esto es lo que se pregunta Ross en una realidad alternativa en la que Carol y él no se han divorciado. Para añadir un poco de chispa a su vida sexual, deciden montarse un *ménage à trois* e invitan a Susan, una amiga de Carol del gimnasio. ¿El resultado? Ross se aburre y siente que lo han dejado de lado, pero lo bueno es que le entra hambre y se prepara un bocadillo de pavo muy rico. El sándwich de pavo de Ross tiene mostaza, pero este pastrami con aliño ruso también sería un buen consuelo para un trío que acaba en dúo.

ALIÑO RUSO:

½ cebolla amarilla pequeña picada
2 cucharadas de salsa de rábano picante
¼ taza de kétchup
½ taza de mayonesa
1 cucharadita de pimentón dulce
2-3 golpes de salsa picante
1 cucharada de salsa Worcestershire

SÁNDWICH:

225 gramos de pastrami de pavo
3 lonchas de queso suizo
6 rebanadas de pan de centeno
1 taza de «Ensalada de kale» (página 57)

PARA PREPARAR EL ALIÑO RUSO:
En un procesador de alimentos, triturad todos los ingredientes de 2 a 3 minutos, hasta obtener una salsa cremosa. En la nevera dura hasta 1 semana.

PARA PREPARAR EL SÁNDWICH:
Poned a fuego medio una sartén antiadherente mediana. Cuando esté caliente, agregad 3 o 4 lonchas de pastrami de pavo juntas por sándwich, colocad una loncha de queso suizo encima y echad 2 o 3 cucharadas de agua alrededor del pastrami y el queso. Tapad la sartén con una tapadera o un plato y dejad unos 2 minutos, hasta que el queso se funda. Destapad la sartén y sacad el pastrami con el queso.

Para montar el sándwich, untad 2 rebanadas de pan con aliño ruso. Cubrid una de ellas con ensalada de col y las lonchas de pastrami con el queso. Tapad con la otra rebanada de pan. Repetid la operación para hacer los otros dos sándwiches.

Sándwich de espaguetis

Temporada 6, episodio 18
«En el que Ross sale con una estudiante»

PARA: 2 sándwiches
PREPARACIÓN: 30 minutos

Al igual que la pizza, los espaguetis son un básico en el universo de *Friends*. Cuando Rachel se va a vivir a casa de Joey tras producirse un incendio en el piso de Phoebe, Rachel descubre que vivir con Joey es divertido: comen grandes platos de espaguetis e incluso tiran algunos al suelo a propósito. En honor a los benditos espaguetis, os propongo este sándwich de espaguetis. Es perfecto con sobras, si es que os han quedado.

2 cucharadas de aceite de oliva
110 gramos de carne picada de ternera o de pavo
1 taza de Salsa marinara de Joey (página 79)
170 gramos de espaguetis, cocidos según las instrucciones del paquete
2 dientes de ajo picados finos
2 cucharadas de mantequilla sin sal blanda
2 cucharadas de perejil picado fino
Sal y pimienta
4 rebanadas de pan de molde gruesas o de pan blanco gruesas
⅓ taza de queso *mozzarella* rallado

Poned a fuego alto una sartén grande. Cuando esté caliente, bajad a fuego medio y añadid el aceite. Dejad que se caliente 1 minuto y añadid la carne picada de ternera o de pavo. Rehogadla de 3 a 4 minutos, removiendo de vez en cuando, hasta que se vuelva de color marrón.

Agregad la salsa marinara y los espaguetis cocidos y moved enérgicamente la sartén para aseguraros de que la pasta queda bien cubierta por la salsa. Cuando esté recubierta de manera uniforme, retirad del fuego y reservad.

En un cuenco pequeño, mezclad el ajo, la mantequilla y el perejil y salpimentad al gusto.

Con ayuda de una espátula de silicona, untad las rebanadas de pan por un lado con esta mantequilla.

Poned a fuego alto una sartén mediana. Cuando esté caliente, bajad a fuego medio y añadid dos rebanadas de pan con la mantequilla hacia abajo. Agregad una porción generosa de espaguetis y queso *mozzarella* y tapad con una segunda rebanada de pan con la mantequilla hacia arriba. Dejad de 3 a 5 minutos, hasta que el pan esté tostado y crujiente.

Cuando esté crujiente, dadle la vuelta y dejad de 3 a 5 minutos más, hasta que la segunda rebanada de pan esté crujiente también y el queso se funda. Cortad en cuatro trozos o en triángulos y ¡buen provecho!

Langosta de Rachel con bollito de langosta de acompañamiento

Temporada 2, episodio 14
«El del vídeo del baile graduación»

PARA: 6 sándwiches
PREPARACIÓN: 40 minutos

Se podría decir que Ross y Rachel son dos llamas gemelas. Sus idas y venidas son una constante en la serie. Dejad que Phoebe, la vidente, prediga lo inevitable. Cuando aparece una cinta de vídeo de los años ochenta en la que a Rachel le da plantón su pareja para el baile de graduación y ella se entera de que Ross se ofreció a llevarla, Rachel se da cuenta de lo profundos que son los sentimientos que los unen a ambos y besa a Ross. «¿Lo veis? —afirma Phoebe—. ¡Es su media langosta!»

- 1,300 kilo de pinzas de langosta grandes, descongeladas si son congeladas
- La ralladura y el zumo de 1 limón pequeño
- ½ taza de mayonesa
- 2 cucharadas de estragón fresco picado
- ½ taza de cebollino picado fino y algo más para servir
- 2 cucharadas de sazonador Old Bay o sazonador de marisco
- Sal y pimienta
- Bollitos de leche o panecillos para perritos calientes
- Mantequilla

Poned a fuego alto una cazuela grande con agua. Cuando rompa a hervir, introducid las patas de langosta y cocedlas unos 12 minutos, hasta que adquieran un color rojo vivo.

Mientras se cuecen las pinzas, llenad un cuenco grande con agua y cubitos de hielo. Cuando estén, sacad las pinzas y pasadlas inmediatamente al agua con hielo. Dejad de 5 a 10 minutos, hasta que estén frías, y abridlas para sacar la carne.

En un cuenco grande, mezclad la carne de langosta, el zumo y la ralladura de limón, la mayonesa, el estragón, el cebollino y el sazonador. Salpimentad al gusto.

Poned a fuego medio-alto una sartén grande, abrid por la mitad los bollitos o los panecillos, untadlos con mantequilla y aplastadlos. Colocad un bollito en la sartén con la mantequilla hacia abajo y dejadlo alrededor de 1 minuto, hasta que se tueste ligeramente.

Para servir, rellenad el bollito con la carne de langosta y añadid un poco de cebollino.

Bocata de albóndigas de Joey

Temporada 5, episodio 20
«El de la ronda policial»

PARA:
6 sándwiches

PREPARACIÓN:
1½ hora

Cuando Joey, Ross y Chandler salen de patrulla con el novio de Phoebe, que es policía, el coche patrulla petardea. Asustados al pensar que es un disparo, Joey se abalanza sobre Ross para cubrirlo. Chandler se mosquea y se siente celoso, aunque por lo visto Joey solo intentaba salvar su bocadillo de albóndigas. Parece una locura, pero el bocata de albóndigas de Joey es el mejor bocadillo del mundo. Procurad no olerlo demasiado, ya que la mitad del sabor está en el olor, y de ese modo se aspiraría toda la sustancia.

ALBÓNDIGAS:
340 gramos de carne de cerdo picada
340 gramos de carne de ternera picada
½ cebolla amarilla picada fina
2 cucharadas de orégano medido, picado grueso
2 cucharadas de perejil medido, picado grueso
2 cucharadas de tomillo medido, picado grueso
2 cuchadas de albahaca medida y cortada con la mano
½ taza de pan rallado
⅓ taza de vino tinto
2 huevos
⅓ taza de piñones tostados

SÁNDWICHES:
3 tazas de «Salsa marinara de Joey» (página 79) o comprada
6 barritas de pan blanco de 15 centímetros
12 rodajas de queso *mozzarella*
¼ taza de queso parmesano rallado
Perejil fresco picado grueso para adornar

PARA PREPARAR LAS ALBÓNDIGAS:
Precalentad el horno a 190 °C y forrad una bandeja de hornear con papel de horno.

En un cuenco grande, mezclad todos los ingredientes con las manos, procurando no trabajar la mezcla en exceso, ya que se endurecerá.

Formad bolas de entre 5 y 7,5 centímetros de diámetro. Pasad las albóndigas a la bandeja y horneadlas unos 20 minutos, hasta que estén doradas.

PARA PREPARAR LOS SÁNDWICHES:
Poned a fuego medio una cazuela grande para calentar la salsa marinara. Cuando las albóndigas estén listas, introducidlas en la marinara y dejadlas cocer a fuego lento de 10 a 15 minutos.

Mientras las albóndigas se hacen, abrid las barritas de pan sin llegar a separar las dos mitades. Colocad 1 o 2 rodajas de queso y pasadlas a una bandeja de hornear. Horneadlas unos 5 minutos, hasta que el queso se ablande y se funda.

Cuando esté el pan, rellenadlo con 3 o 4 albóndigas, asegurándoos de añadir algo de salsa. Espolvoread con parmesano y perejil.

Sándwich de chóped y paté de jamón

Temporada 2, episodio 21
«El de los matones»

PARA: 1 sándwich
PREPARACIÓN: 1 hora

El árbol genealógico de Phoebe es todo menos sencillo, de manera que cuando por fin reúne el valor necesario para ir a visitar a su padre biológico, Phoebe les pide a Rachel y Joey que la acompañen. Ellos lo hacen encantados, pero, típico de él, Joey se lleva a un amiguito para el trayecto. Atención, *spoiler*: el amiguito es comida. Un sándwich, para ser exactos, de «chóped y paté de jamón», pero sin mayonesa, claro, porque con mayonesa sería asqueroso.

1 *baguette* crujiente o dos rebanadas de pan con aceitunas
2 cucharadas de *tapenade* de aceitunas
⅓ taza de queso manchego rallado u otro queso de vuestra elección
⅓ taza de «Paté de jamón» (página 10)

Precalentad el horno a 175 °C.

Abrid la baguette sin llegar a separar las dos mitades o disponed juntas las dos rebanadas de pan. Untad un lado con *tapenade* y el otro con el paté de jamón.

Cubrid los dos lados con queso manchego y tostad en el horno de 5 a 7 minutos, hasta que el queso se funda. Cerrad el sándwich y servidlo.

«¡Venga, perrito, cómete el sándwich! ¡Venga, ve a por el sándwich! ¡Cómetelo todo! ¡Venga, perrito, cómete el sándwich! Oye, Joey, el perro lo olisquea pero no lo toca, ¿qué te indica eso?»

—Rachel

«Si no se lo come él, lo haré yo.»

—Joey

Tosta de ensalada de pollo ¿cómo va eso?

Temporada 2, episodio 14
«El capítulo cien»

PARA: 6 tostas
PREPARACIÓN: 40 minutos
REPOSO: 2-3 horas

Joey es capaz de conseguir que cualquier cosa suene sexy y obscena. Es el truco que emplea en las fiestas. Probad a decir: «Ensalada de pollo de la abuela» con vuestro tono más sensual.

- Carne desmenuzada de ½ pollo pequeño asado
- 3 tallos de apio cortado en daditos
- ¼ taza de eneldo fresco medido, picado grueso
- ¼ taza de estragón fresco medido, picado grueso (opcional)
- 2 manzanas rojas medianas descorazonadas y cortadas en daditos
- La ralladura y el zumo de 1 limón grande
- 1 taza de mayonesa
- Sal y pimienta
- 6 rebanadas de pan de centeno
- Germinados de guisante para adornar (opcional)

En un cuenco grande, mezclad de 2 a 3 minutos el pollo, el apio, el eneldo, el estragón, la manzana, la ralladura y el zumo de limón y la mayonesa, hasta que todo esté bien integrado. Reservad en un recipiente hermético y refrigerad 2 o 3 horas como mínimo.

Para montar la tosta, disponed una cantidad generosa de ensalada de pollo en una rebanada de pan y adornad con los germinados. Repetid la operación con el resto de ingredientes.

Solo un wrap de berenjena, sin cinco filetes

Temporada 2, episodio 5
«El de los cinco filetes y una berenjena»

PARA: 2-4 wraps
PREPARACIÓN: 30 minutos

Cuando Monica y Chandler deciden organizarle una cara fiesta de cumpleaños a Ross, Rachel, Joey y Phoebe se disgustan, ya que están hartos de salir a cenar a sitios buenos a pesar de que ellos no ganan tanto dinero como el resto. Para arreglarlo, Monica se ofrece a preparar una cena para seis con cinco filetes y una berenjena para Phoebe. Sin embargo, Joey, Phoebe y Rachel se niegan a aceptar la cena —y entradas para un concierto gratis— porque les parece caridad. Si queréis pasar tiempo con vuestros amigos sin arruinaros, probad a hacerles estos *wraps* de berenjena, sin los filetes.

YOGUR PICANTE:
½ taza de yogur griego
1 cucharada de guindilla en copos
El zumo de ½ limón
Sal y pimienta

***WRAPS*:**
3 cucharadas de aceite de oliva
½ cucharada de semillas de comino
1 berenjena grande cortada en trozos de 5 centímetros
½ cucharada de pimentón ahumado
2 dientes de ajo picados finos
4 tomates pera maduros cortados en dados
El zumo de ½ limón
Sal marina y pimienta
Wraps (tortillas) comprados
1 cogollo de lechuga romana mediana cortada en tiras
¼ taza de perejil fresco medido, picado grueso

PARA PREPARAR EL YOGUR PICANTE:
Con ayuda de una espátula de silicona, mezclad bien todos los ingredientes en un bol pequeño. Dejad marinar durante 1 hora como mínimo en la nevera o a temperatura ambiente. Salpimentad al gusto.

PARA PREPARAR LOS *WRAPS*:
Precalentad el horno a 175 °C.

Poned a fuego medio-alto una sartén para saltear grande, de fondo grueso, y añadid el aceite de oliva. Cuando esté caliente, bajad a fuego medio, agregad el comino y dejad 1 minuto, hasta que la especia desprenda su aroma.

Incorporad la berenjena, el pimentón ahumado y el ajo y, sin parar de remover, cocinad de 7 a 8 minutos, hasta que la berenjena se ablande. A fuego mínimo, añadid los tomates y tapad 1 minuto. Agregad el zumo de limón y espachurrad la berenjena con un tenedor. El resultado debería ser una crema que no quede completamente lisa. Retirad del fuego y salpimentad al gusto.

Humedeced ligeramente un paño de cocina (debería estar mojado, pero que no chorree), colocad en el centro los *wraps* y doblad para crear un saquito. Pasad el saquito a una bandeja de hornear y calentadlo en el horno de 5 a 10 minutos, hasta que esté blando y elástico.

Para servir los *wraps*, formad una línea con la cantidad de yogur que deseéis en la parte central del *wrap* y añadid lechuga romana y, encima, berenjena. Terminad con unos hilos de yogur picante en la berenjena y espolvoread con perejil. Para enrollarlo, doblad primero la parte inferior del *wrap* sobre el relleno y después los laterales. A continuación, enrollad de abajo arriba para formar un rollito apretado.

¿Ayer no te compré un faláfel?

Temporada 10, episodio 5
«El de cuando la hermana de Rachel hace de canguro»

PARA: 6 raciones
PREPARACIÓN: 2 horas
REPOSO: 8 horas

Da la impresión de que todas las hermanas Greene tienen algo con Ross. Si la menor, Jill, no intenta enrollarse con él, Amy, la mediana, está tan ensimismada que ni sabe quién es. «¿Ayer no te compré un faláfel?», le pregunta cuando va a hacer de canguro de su sobrina Ella… esto, *Emma*.

CRÈME FRAÎCHE DE AJO:
½ kilo de *crème fraîche*
2 dientes de ajo picados finos
La ralladura y el zumo de 1 limón
Sal y pimienta

FALÁFEL:
1½ taza de garbanzos secos
¼ taza de perejil medido y picado
2 dientes de ajo picados finos
2 cucharadas de harina de garbanzo
2 cucharadas de comino en polvo
2 cucharadas de cilantro en polvo
1 cebolla mediana picada
Sal y pimienta
4 tazas de aceite vegetal

SÁNDWICH DE PAN DE PITA:
6-12 panes de pita
450 gramos de *hummus*
Tomates corazón de buey en rodajas
1 kilo de ensalada mézclum
«Cebolla morada encurtida» (página 15)

PARA PREPARAR LA _CRÈME FRAÎCHE_ DE AJO:
En una batidora de vaso, batid de 2 a 3 minutos la crème fraîche, el ajo y el zumo de limón hasta obtener una mezcla cremosa. Incorporad con delicadeza la ralladura de limón y salpimentad al gusto. Pasad la salsa a un cuenco, tapadla y refrigeradla 2 horas como mínimo. La crème fraîche de ajo dura hasta 1 semana en la nevera.

PARA PREPARAR EL FALÁFEL:
Poned los garbanzos a remojo la noche anterior en un cuenco grande. El agua debería rebasar unos 2,5-5 centímetros de los garbanzos, ya que estos la absorberán y aumentarán de tamaño.

En un procesador de alimentos, triturad con la función pulso los garbanzos escurridos, el perejil, el ajo, la harina de garbanzo, el comino, el cilantro y la cebolla hasta obtener una pasta granulosa. No la trituréis en exceso, u obtendréis hummus. Salpimentad al gusto. La mezcla debería ser quebradiza pero húmeda y capaz de mantenerse amalgamada. Si queda demasiado húmeda, añadid un poco de harina de garbanzo. Si, por el contrario, queda demasiado quebradiza y se desmorona, añadid un poco de agua.

Poned a fuego medio-alto una sartén para saltear grande, de fondo grueso, y calentad el aceite a 150 °C. Mientras se calienta, empezad a formar bolas ligeramente aplastadas de faláfel, de unos 5-7,5 centímetros de diámetro. Disponedlas en una bandeja de hornear forrada con papel de horno.

Cuando el aceite esté caliente, bajad a fuego medio. Trabajando por tandas, freíd de 3 a 4 bolas de faláfel de cada vez, durante 2 o 3 minutos, hasta que estén doradas por un lado. Luego dadles la vuelta y freíd de 2 a 3 minutos más o hasta que se doren.

Con ayuda de una espumadera de araña o de una espumadera corriente, sacad las bolas de faláfel del aceite y pasadlas a una fuente con papel de cocina. Freíd los demás faláfeles.

PARA PREPARAR EL SÁNDWICH DE PAN DE PITA:
Para montar el faláfel, abrid el pan de pita sin llegar a separar las dos mitades, untad con *hummus* en un lado y colocad 2 o 3 rodajas de tomate en el otro.

En el fondo del pan, disponed la ensalada mézclum, encima los faláfeles y acabad con 3-5 aros de Cebolla morada encurtida.

Sándwich de queso gratinado de Chandler

Temporada 1, episodio 9
«El de la fiesta de Acción de Gracias»

PARA: 6 sándwiches
PREPARACIÓN: 30 minutos
REPOSO: 6 horas para la mermelada

Chandler y Acción de Gracias no se llevan bien. Todo empezó cuando sus padres decidieron decirle que iban a divorciarse y la cosa fue a más cuando, más adelante, acabó en urgencias porque Monica le cortó un dedo del pie. Yo en su lugar también me mantendría alejada de esa festividad. En lugar del tradicional pavo, Chandler celebra Acción de Gracias cenando deliciosos sándwiches de queso gratinado. No hace falta que esperéis a que os suceda algo traumático en Acción de Gracias para comer estos sándwiches. Podéis sustituir la mermelada de tomate casera de la receta por una comprada, pero prepararla vosotros mismos es fácil, el resultado es estupendo y además la podéis utilizar en otras recetas, como el «Sándwich de pastel de carne de Monica» (página 64) y los «*Scones* con mermelada y cucharita» (página 147).

MERMELADA DE TOMATE:
2 cucharadas de comino en polvo
1 kilo de tomates *cherry*
1 cucharadita de jengibre fresco rallado
La ralladura y el zumo de 1 limón
1 taza de azúcar moreno
1 taza de agua
1 cebolla mediana cortada en pluma
1 cucharada de aceite vegetal

QUESO GRATINADO:
1 cucharada de aceite de oliva
2 cebollas amarillas cortadas en aros
Mantequilla blanda
1 hogaza de pan de masa madre cortada en 12 rebanadas
24 lonchas de queso de vuestra elección

PARA PREPARAR LA MERMELADA DE TOMATE:
En una cazuela mediana y de fondo grueso, poned a fuego alto todos los ingredientes. Dejad que rompa a hervir, removiendo de vez en cuando con una espátula de silicona o una cuchara de palo.

Bajad al mínimo y dejad que la mermelada se cocine a fuego lento, alrededor de 1 hora, hasta que espese.

Vertedla en un tarro esterilizado de cierre hermético. Dejad salir el aire caliente para que se haga el vacío y dejad reposar la mermelada de 2 a 4 horas, hasta que esté a temperatura ambiente.

Cerrad bien la tapa y refrigerad durante 4 horas como mínimo. La mermelada se puede conservar en la nevera hasta 2 semanas.

PARA PREPARAR EL QUESO GRATINADO:
Poned a fuego medio-alto una sartén para saltear grande. Cuando esté caliente, bajad a fuego medio y añadid el aceite. Cuando esté caliente, incorporad la cebolla y rehogadla unos 10 minutos, removiendo de vez en cuando. Si veis que empiezan a quemarse, bajad más el fuego. Cuando estén doradas y ligeramente caramelizadas, sacadlas de la sartén y reservadlas.

Limpiad la sartén con papel de cocina y ponedla a fuego medio.

Untad con mantequilla todas las rebanadas de pan por un lado y dadles la vuelta en la superficie de trabajo, con la mantequilla hacia abajo.

A continuación, untad con una generosa capa de mermelada de tomate la mitad de las rebanadas y añadid 1 o 2 cucharadas de cebolla caramelizada. En las rebanadas de pan restantes, disponed 1 o 2 lonchas de queso.

Trabajando por tandas, pasad a la sartén las rebanadas con queso con la mantequilla hacia abajo. Tostadlas de 2 a 3 minutos, hasta que el queso esté blando y se funda y el pan se haya dorado un poco.

Con ayuda de una espátula, sacad las rebanadas con queso y ponedlas sobre las de cebolla caramelizada. Sujetando el sándwich con una mano para que no se desmonte, pasadlo a la sartén con la espátula de manera que el pan sin tostar quede abajo. Dejad que se tueste unos 2 o 3 minutos, hasta que esté dorado.

Aplastad el sándwich con la espátula para aseguraros de que el queso se pega a la cebolla y sacadlo. Repetid la operación con los demás sándwiches. Cuando estén terminados, cortadlos en cuatro trozos, en triángulos o en cualquier forma que no utilizaran los peregrinos y ¡buen provecho!

Pizza y pasta

Masa de pizza

Salsa marinara de Joey

La especial de Joey: dos pizzas

La pizza de G. Stephanopoulos

Esta *no* es una lasaña vegetariana

La lasaña de verduras que se cepillaría Buffay, la vampiresa

Increíbles macarrones

Pasta todo en uno de Estelle

Bagre cajún con salsa Alfredo de PhilloSophie

Las bases de la pizza

La pizza desempeña un papel fundamental en la serie Friends. Joey siempre la está comiendo, Rachel y Ross rompieron oficialmente mientras comían una y podríamos decir sin temor a equivocarnos que algunos de los momentos más emotivos que viven los amigos van acompañados de una pizza. Con estas recetas básicas podréis preparar los platos preferidos de todo el mundo, como «La especial de Joey: dos pizzas» (página 80).

Con esta receta tendréis masa para hacer 4 pizzas de unos 30 centímetros de diámetro —suficiente para una celebrar una fiesta a base de pizzas—, aunque también la podéis congelar para utilizarla más adelante.

PARA: 4 pizzas de unos 30 centímetros de diámetro
PREPARACIÓN: 30 minutos

Masa de pizza

- 2½ tazas de agua tibia
- 3 cucharadas de levadura seca de panadería
- ⅓ taza de aceite de oliva y algo más para el cuenco
- 1 cucharadita de sal
- 1½ cucharadita de azúcar
- 7 tazas de harina 00 o de harina de trigo

En un cuenco mediano, mezclad el agua tibia con la levadura y dejad de 3 a 5 minutos, hasta que la levadura burbujee. Engrasad un cuenco grande con aceite de oliva y reservad.

Mientras la levadura se activa, incorporad la sal y el azúcar a la harina en otro cuenco grande y formad un volcán en el centro de la harina. Cuando la levadura se haya activado, verted despacio en el centro del volcán la mezcla de agua y levadura. Empezad a mezclar la harina con el agua con las manos o con una cuchara de palo hasta que tengáis una masa irregular pero compacta.

Pasad la masa a una superficie de trabajo no porosa previamente enharinada y amasadla de 12 a 15 minutos, hasta que la superficie de la masa esté lisa y firme.

Dejad la masa en el cuenco engrasado y movedla por el cuenco para que el aceite de oliva impregne toda la superficie. Tapad con film transparente o con un paño de cocina y dejad reposar 5 horas, para que la masa suba.

Cuando haya subido, volcad la masa en una superficie de trabajo no porosa y estrelladla unas cuantas veces sobre ella para eliminar las burbujas de aire.

Dividid la masa en cuatro partes y dejad que reposen unos 10 minutos. Si las vais a hornear seguidamente, este sería un buen momento para precalentar el horno a 230 °C. De no ser así, podéis envolver la masa en *film* transparente y congelarla para utilizarla más adelante.

NOTA DE LA CHEF MONICA: La harina 00 es una harina italiana que se suele utilizar para hacer pasta y pizza. Se puede comprar por internet y en algunos establecimientos especializados. Si no encontráis, sustituidla por harina de trigo.

Salsa marinara de Joey

Temporada 1, episodio 10
«El de Russ»

PARA: unos 4 litros
PREPARACIÓN: 2 horas

Cuando una directora de *casting* intenta ligar con Joey, este se siente confuso: no sabe si tendrá que acostarse con ella para conseguir un papel en un popular culebrón. Cuando Estelle, su agente, le confirma que, en efecto, tendrá que hacerlo, él se agobia de tal forma que prepara salsa marinara para invitar a comer a toda Italia. ¿Quién iba a saber que, gracias a ella, conseguiría el papel del doctor Drake Ramoray?

Esta salsa es estupenda tanto para pizza como para pasta y se puede utilizar en muchas otras recetas.

- 2,250 kilos de tomates pera u 800 gramos de tomate natural triturado o frito
- 2 cucharadas de aceite de oliva
- 1 cebolla blanca grande cortada en dados
- Sal y pimienta
- ⅓ taza de albahaca troceada con la mano
- ⅓ taza de orégano picado fino
- ⅓ taza de perejil fresco picado
- ⅓ taza de tomillo picado
- 3-4 dientes de ajo picados finos
- 1 taza de agua (opcional)
- 2 cucharadas de miel (opcional)

Si utilizáis tomate enlatado, saltaos este paso y poneos a cocinar la cebolla. Si utilizáis tomates frescos, dadles a todos los tomates dos cortes en forma de «X» en la base, no muy profundos, solo para abrir la piel. Poned una cazuela al fuego con abundante agua y llevadla a ebullición.

Mientras el agua se calienta, llenad un cuenco grande con agua y cubitos de hielo.

Cuando el agua rompa a hervir, introducid los tomates y dejadlos alrededor de 1 minuto, hasta que veáis que la piel empieza a levantarse. Sacadlos y metedlos en el cuenco con agua y hielo.

Cortad los tomates en cuatro, peladlos y retiradles las semillas. Desechad la piel y las semillas y reservad la pulpa.

Poned a fuego medio un cazo grande de fondo grueso. Cuando esté caliente, añadid el aceite de oliva. Dejad calentar 1 minuto aproximadamente y agregad la cebolla. Salteadla unos 3 o 4 minutos, hasta que esté translúcida y desprenda su olor. Salpimentadla al gusto.

Añadid el tomate, la albahaca, el orégano, el perejil, el tomillo y el ajo, salpimentad de nuevo y removed. Rehogad de 2 a 5 minutos, hasta que rompa a hervir, y bajad el fuego. Cocinad a fuego lento alrededor de 1 hora.

Si la salsa es demasiado espesa, añadid el agua. Si queréis rebajar la acidez, añadid la miel.

La especial de Joey: dos pizzas

Temporada 4, episodio 23
«El de la boda de Ross: Parte 1»

PARA: 6 raciones o 1, si se trata de Joey
PREPARACIÓN: 40 minutos

Joey siempre pide la misma pizza: «la especial de Joey». Aunque no sabemos qué clase de pizza pide, sí sabemos que son dos. Cuando está en Londres, Joey llama a Phoebe, y al decirle ella que ha pedido la especial de Joey, le entra morriña.

PIZZA DE ALMEJAS CON AJO:
«Masa de pizza» (página 78)
1½ taza de almejas congeladas, descongeladas
3 dientes de ajo picados finos
¾ taza de queso pecorino romano rallado
⅓ taza de orégano fresco picado
Aceite de oliva

PIZZA DE PATÉ DE JAMON, SALCHICHAS Y SALAMI:
«Masa de pizza» (página 78)
3 cucharadas de «Paté de jamón» (página 10)
½ taza de «Salsa marinara de Joey» (página 79) o comprada
1 taza de queso *mozzarella* rallado
10-13 lonchas de salami
1 taza de salchichas italianas cocinadas y desmenuzadas

PARA PREPARAR LA PIZZA DE ALMEJAS CON AJO:
Precalentad el horno a 230 °C. Si utilizáis una piedra para hornear pizza, introducidla en el horno para que se caliente. Extended la masa de pizza hasta obtener un círculo de unos 30 centímetros de diámetro. Si utilizáis la piedra, disponed la masa en una pala para pizza o una tabla de cortar de madera, de lo contrario pasadla a una bandeja de hornear.

En un cuenco pequeño, mezclad las almejas previamente secas con el ajo. Distribuidlas de manera uniforme por la masa.

Añadid el pecorino romano y el orégano, rociadlo todo con un chorrito de aceite de oliva y pintad la corteza con un poco de aceite de oliva.

Con ayuda de la pala o de la tabla de cortar, deslizad la pizza sobre la piedra ya caliente o introducid la bandeja en el horno y hornead de 15 a 20 minutos, hasta que el queso burbujee y la corteza esté dorada.

PARA PREPARAR LA PIZZA DE PATÉ DE JAMÓN, SACHICHAS Y SALAMI:
Precalentad el horno a 230 °C. Si utilizáis una piedra para hornear pizza, introducidla en el horno para que se caliente. Extended la masa de pizza hasta obtener un círculo de unos 30 centímetros de diámetro.

Untad la masa con paté de jamón y añadid una capa uniforme de marinara. Agregad el queso *mozzarella*, el salami y la salchicha desmenuzada.

Disponed la pizza en una bandeja o una piedra para pizza precalentada en el horno y hornead de 15 a 20 minutos, hasta que el queso burbujee y la corteza esté dorada.

La pizza de G. Stephanopoulos

Temporada 1, episodio 4, «Rachel recibe su primera nómina»

PARA: 4 raciones
PREPARACIÓN: 30 minutos

Las chicas están pasando una noche mala cuando el repartidor de pizzas les entrega por error la pizza destinada a G. Stephanopoulos y la situación da un giro. No solo se enteran de cuáles son las preferencias culinarias del sexy consejero del presidente Clinton, sino que, puesto que vive en la casa de enfrente, lo espían y averiguan algo más (¡no es un tío feo desnudo!). Parece lo justo, después de haber recibido la pizza de champiñones, pimiento verde y cebolla de G. Stephanopoulos lugar de la suya, con masa sin grasa y queso extra.

«Masa de pizza» (página 78)
1 taza de «Salsa marinara de Joey» (página 79) o comprada
1 taza de queso *mozzarella* rallado
225 gramos de champiñones normales o Portobello partidos en láminas
1 pimiento verde picado en tiras finas
Tomates *cherry* partidos por la mitad
1 cebolla amarilla cortada en pluma
Pimienta de Alepo en copos o guindilla seca en copos
Sal y pimienta

Precalentad el horno a 230 °C. Si utilizáis una piedra para hornear pizza, introducidla en el horno para que se caliente. Extended la masa de pizza hasta obtener un círculo de unos 30 centímetros de diámetro. Si utilizáis la piedra, disponed la masa en una pala para pizza o una tabla de cortar de madera, de lo contrario pasadla a una bandeja de hornear.

Distribuid la salsa marinara de forma uniforme sobre la masa.

Añadid el queso *mozzarella*, los champiñones, el pimiento, los tomates *cherry* y la cebolla. Añadid pimienta de Alepo en copos o guindilla seca en copos y salpimentad al gusto.

Con ayuda de la pala o la tabla de cortar, deslizad la pizza sobre la piedra ya caliente o introducid la bandeja en el horno y hornead de 15 a 20 minutos, hasta que el queso burbujee y la corteza esté dorada.

Temporada 1, episodio 12
«El de la docena de lasañas»

Esta no es una lasaña vegetariana

PARA:
6-8 raciones

PREPARACIÓN:
1½ horas

Esta lasaña, que lleva sabrosa marinara, *mozzarella* fundido y salchichas italianas picantes, es perfecta para un grupo de personas, es decir, siempre que vuestra tía Syl no quisiera lasañas vegetarianas para su fiesta.

425 gramos de queso *ricotta*
2 huevos
⅓ taza de perejil picado
700 gramos de salchichas italianas cocinadas y desmenuzadas
5 tazas de «Salsa marinara de Joey» (página 79) o comprada
12-14 placas de lasaña preparadas según las instrucciones del paquete
2 tazas de queso *mozzarella* rallado
Sal y pimienta

Precalentad el horno a 200 °C.

En un cuenco mediano, mezclad bien el *ricotta*, los huevos y el perejil, salpimentad al gusto y reservad.

En otro cuenco mediano, mezclad bien la carne de salchicha con la marinara.

Extended una capa fina de marinara en el fondo de una fuente de horno de 20 × 25 centímetros y disponed en sentido longitudinal una capa de placas de lasaña ya preparadas. Cubrid con una capa fina de *ricotta*, añadid marinara con salchicha y terminad con una capa uniforme de *mozzarella* rallado.

Repetid las capas hasta cubrir el recipiente, terminando con una capa de placas de lasaña. Añadid una capa fina de salsa marinara y, por último, queso *mozzarella*.

Introducid la fuente en la parte central del horno y hornead unos 30 minutos, hasta que el queso burbujee y esté dorado.

«Bueno, solo hay carne cada tres capas, a lo mejor puedes quitarla.»

—Monica

La lasaña de verduras que se cepillaría Buffay, la vampiresa

Temporada 6, episodio 14
«En el que Chandler no puede llorar»

PARA: 6-8 raciones
PREPARACIÓN: 1½ horas

Ursula, la gemela idéntica a Phoebe, no solo se pasea por Nueva York, sino que además hace películas para adultos y va granjeándose admiradores para ambas. Joey es incapaz de ver *Buffay, la cepilladora de vampiros* cuando cree que la de la cinta es Phoebe seduciendo a Nosferramienta. Sin embargo, cuando un tatuaje en el tobillo les revela que se trata de Ursula, cambia deprisa de opinión.

425 gramos de queso *ricotta*
2 huevos
La ralladura y el zumo de ½ limón
1½ cucharada de tomillo fresco medido, picado grueso
Sal y pimienta
3 cucharadas de aceite de oliva
1 calabacín mediano cortado en daditos
4 tazas de espinacas
700 gramos de champiñones Cremini en daditos
5 tazas de «Salsa marinara de Joey» (página 79) o comprada
12-14 placas de lasaña cocinadas según las instrucciones del paquete
Queso mozzarella rallado

En un cuenco mediano, mezclad el *ricotta*, los huevos, la ralladura de limón y el tomillo, salpimentad y reservad.

Poned a fuego alto una sartén grande. Cuando esté caliente, bajad a fuego medio y añadid dos cucharadas del aceite de oliva. Cuando esté brillante, añadid el calabacín y las espinacas, movedlas con uno o dos golpes enérgicos de sartén y rehogad unos 3 minutos, hasta que las verduras suelten su líquido. Salpimentad al gusto. Escurrid las verduras, retiradlas y reservadlas. Calentad de nuevo la sartén.

Añadid las espinacas y el calabacín a la mezcla de *ricotta* y aseguraos de que todos los ingredientes estén perfectamente integrados.

Cuando la sartén esté caliente de nuevo, añadid otra cucharada de aceite de oliva y los champiñones y removedlos. Agregad un chorrito de zumo de limón y salpimentad al gusto. Rehogad unos 3 minutos, hasta que los champiñones estén tiernos.

En un cuenco mediano, mezclad los champiñones con la salsa marinara.

Precalentad el horno a 200 °C.

Extended una capa fina de marinara en el fondo de una fuente de horno de 20 × 25 centímetros y disponed en sentido longitudinal una capa de placas de lasaña ya cocinadas. Cubrid con una capa fina de *ricotta*, añadid marinara con champiñones y terminad con *mozzarella* rallado.

Repetid las capas hasta cubrir el recipiente, terminando con una capa de placas de lasaña. Añadid una capa fina de salsa marinara y, por último, queso *mozzarella*.

Introducid la fuente en la parte central del horno y hornead unos 30 minutos, hasta que el queso burbujee y esté dorado.

Increíbles macarrones

Temporada 5, episodio 8
«El de los días de Acción de Gracias»

PARA: 6 raciones
PREPARACIÓN: 40 minutos

Es el día de Acción de Gracias de 1987, y Monica intenta desesperadamente llamar la atención de Chandler, el amigo de Ross. Chandler odia el día de Acción de Gracias y se niega a comer cualquier cosa que hayan comido los peregrinos, así que Monica se ofrece a prepararle unos macarrones para cenar. Indiferente a las insinuaciones de Monica, Chandler acepta. Cuando ella se sienta a su lado en el sofá y le pregunta si le han gustado los macarrones, él contesta: «Uy, sí, deberías ser cocinera». No lo dice en serio, claro, pero, en su desesperación, Monica sigue su consejo y el resto es historia en *Friends*.

340 gramos de macarrones secos
¼ taza de mantequilla más la necesaria para el agua de la pasta
1 cucharada de mostaza en polvo
½ cucharada de ajo en polvo
1 cucharada de sazonador cajún o sazonador de barbacoa
¼ taza de harina de trigo
340 mililitros de leche evaporada
2 tazas de nata mitad y mitad o 1 taza de nata para montar y 1 taza de leche entera
2 tazas de queso *cheddar* curado (reservad ¼ taza)
1 taza de queso gruyer rallado (reservad ¼ taza)
Sal y pimienta

Poned a hervir una cazuela grande con agua. Agregad los macarrones y una porción pequeña de mantequilla y coced unos 10 minutos, hasta que estén al dente. Escurridlos y volved a echarlos a la cazuela sin pasar por agua.

Poned a fuego medio un cazo grande y derretid la ¼ taza de mantequilla. Cuando esté derretida, añadid la mostaza en polvo, el ajo en polvo, el sazonador cajún o de barbacoa y la harina para formar una roux. Cuando, al cabo de 3 a 5 minutos, la roux adquiera un color como de caramelo, casi tostado, retirad del fuego e incorporad poco a poco la leche evaporada mientras batís con una varilla, procurando que no se formen grumos.

Volved a poner el cazo al fuego y bajadlo a medio-bajo. Añadid la nata mitad y mitad o la nata para montar y la leche y seguid batiendo de 3 a 5 minutos, asegurándoos de que la varilla llega hasta el fondo del cazo, hasta obtener una bechamel. La bechamel debería empezar a espesar con una consistencia similar a una crema de patata, pero no como un batido. Si queda demasiado espesa, apartad del fuego y añadid más nata mitad y mitad.

Incorporad el cheddar y el gruyer y removed alrededor de 2 minutos, hasta que el queso se integre y quede una salsa cremosa. Salpimentad al gusto.

Precalentad el horno a 190 °C.

Verted bechamel sobre la pasta cocida. Con un movimiento en forma de ocho, incorporad la bechamel a la pasta hasta recubrirla por completo de manera uniforme. Salpimentad al gusto.

Pasad la pasta a una fuente de horno grande de cristal o de barro, añadid el queso restante y hornead de 10 a 15 minutos, hasta que el queso burbujee y forme una costra en las esquinas de la fuente.

Pasta todo en uno de Estelle

Temporada 1, episodio 6
«El del trasero»

PARA:
2-4 raciones

PREPARACIÓN:
20 minutos

Es posible que Estelle, la representante de Joey, no pueda conseguirle papeles de más de dos líneas haciendo de taxista o de doble del trasero de Al Pacino, pero la mujer tiene un gran corazón… y los labios siempre manchados de carmín. Al final conseguirá que Joey encarne al doctor Ramoray en un popular culebrón, y además sabe una cosa o dos sobre comer con un presupuesto ajustado. Dios la tenga en su gloria. Si no andáis muy bien de dinero mientras buscáis el siguiente papel, probad este económico plato de pasta todo en uno.

340 gramos de *bucatini* o espaguetis
340 gramos de tomates *cherry* partidos por la mitad
3 dientes de ajo cortados en láminas
1½ cucharada de pasta de guindillas calabresas o de guindillas secas en copos
3-4 hojas de albahaca troceadas a mano y algunas más para servir
3 cucharadas de aceite de oliva
4½ tazas de agua
Sal y pimienta
16 gambas grandes limpias (opcional)
El zumo de ½ limón (opcional)
¼ taza de parmesano rallado

En una sartén grande, de fondo grueso y paredes altas (como una sartén para saltear), introducid la pasta seca. Añadid los tomates, el ajo, la pasta de guindillas calabresas o las guindillas secas en copos y la albahaca. Rociad con el aceite de oliva y añadid el agua y un buen pellizco de sal.

Poned a fuego medio-alto y dejad que el agua rompa a hervir, sin parar de remover con unas pinzas durante unos 10 o 12 minutos. La salsa debería empezar a espesar cuando los tomates se deshagan y la pasta debería cocinarse al dente.

Si os han dado un papel y podéis permitiros un lujo, añadid las gambas directamente al líquido de 3 a 5 minutos antes de la pasta esté cocida. Las gambas estarán listas cuando presenten un color rosa claro por ambos lados y dejen de estar translúcidas o grises. Retirad la sartén del fuego, añadid el zumo de limón y moved delicadamente con la sartén para integrar todos los ingredientes. Si todavía no os ha llegado vuestra gran oportunidad, omitid las gambas.

Servid la pasta y añadid una cantidad generosa de parmesano, pimienta negra recién molida y albahaca fresca.

«Después de tantos años de sacrificio, por fin has conseguido meter el trasero en el mundo del cine.»

—Chandler

Temporada 2, episodio 5
«El de los cinco filetes y una berenjena»

PARA: 6 raciones
PREPARACIÓN: 2½ horas

Bagre cajún con salsa Alfredo de PhilloSophie

Para celebrar el ascenso de Monica, los amigos salen a cenar al restaurante de lujo PhilloSophie, pero Joey, Rachel y Phoebe no se pueden permitir platos como el bagre cajún que pide Chandler o el carpacho y las gambas a la plancha de Monica y Ross. En vez de salir a cenar y dejar la tarjeta temblando, invitad a vuestros amigos a una comida casera deliciosa, que no desentonaría en la carta de ese restaurante de categoría.

BAGRE CAJÚN:
1 cucharadita de pimienta negra
1½ cucharadita de pimentón
1 cucharada de cebolla en polvo
1 cucharadita de ajo en polvo
1 cucharada de orégano seco
1 cucharada de tomillo seco
1 cucharadita de pimienta de cayena
6 filetes de bagre de 110 gramos
⅓ taza de suero de leche
2 cucharadas de sazonador cajún
Sal
2 cucharadas de aceite de girasol

SALSA ALFREDO:
⅓ taza de mantequilla sin sal
1½ taza de nata líquida para repostería
2 dientes de ajo picados finos
1 taza de queso romano rallado
Pimienta negra recién molida

PASTA:
700 gramos de *fettuccini* secos
1 cucharada de aceite de oliva
1-2 brécoles cortados en pellas
Perejil fresco picado grueso

PARA PREPARAR EL BAGRE CAJÚN:
En un cuenco pequeño, mezclad la pimienta negra, el pimentón, la cebolla en polvo, el ajo en polvo, el orégano, el tomillo y la pimienta de cayena y reservad.

Disponed el bagre en un cuenco mediano. Vertedle encima el suero de leche y rebozadlo bien en él. Cubrid ambos lados con el sazonador y dejad marinar de 1 a 2 horas en la nevera. Mientras tanto, preparad la salsa Alfredo.

Cuando esté listo el pescado, y después de preparar la salsa Alfredo y cocinar la pasta (más abajo), poned a fuego medio una sartén grande antiadherente. Cuando esté caliente, y trabajando por tandas, añadid el aceite de girasol y colocad el pescado con la piel hacia arriba. Cocinad de 2 a 3 minutos, hasta ennegrecerlo, dadle la vuelta y dejadlo 3 minutos más.

PARA PREPARAR LA SALSA ALFREDO:
30 minutos antes de cocinar el bagre, poned a fuego medio-alto los ingredientes de la salsa Alfredo en un cazo grande. Removed durante unos 10 o 15 minutos, hasta que todos los ingredientes estén integrados y la salsa empiece a espesar. Dejadla a fuego lento mientras preparáis lo demás, removiendo de vez en cuando.

PARA PREPARAR LA PASTA:
Mientras la salsa espesa, poned a fuego alto una cazuela grande con agua y coced los *fettuccini* según las instrucciones del paquete. Cuando la pasta esté

NOTA DE LA CHEF MONICA: *'Al dente'* significa «al diente» y hace referencia a la forma de cocer la pasta: esta ha de estar cocida, pero conservando cierta firmeza al morderla.

al dente, escurridla, pero no tiréis el agua ni apaguéis el fuego. Agregadle el aceite de oliva a la pasta.

Llevad el agua de la pasta a ebullición y añadid las pellas de brécol. Blanqueadlas unos 3 minutos o hasta que el color verde se vuelva intenso. Llenad un cuenco grande con agua y cubitos de hielo. Escurrid el brécol e introducidlo en el agua con hielo.

PARA MONTAR EL PLATO:
Incorporad la pasta a la salsa Alfredo y aseguraos de que queda bien recubierta. Escurrid del brécol e incorporad con delicadeza la mitad de las pellas. Servid platos generosos de pasta, dándole volumen, añadid 3 o 4 pellas de brécol, sazonad con una buena cantidad de pimienta negra recién molida y colocad encima 1 filete de bagre. Espolvoread con perejil picado.

Platos principales

F·R·I·E·N·D·S

Las famosas patatas con cola light de Rachel

Temporada 1, episodio 18
«El del vestido nuevo de Rachel»

PARA:
2 raciones

PREPARACIÓN:
1½ hora

Si os parecéis en algo a Rachel, las mejores cosas de la vida no tienen por qué ser complicadas… Bueno, a no ser que hablemos de la vida amorosa, que siempre es complicada. Si no tenéis un amigo chef que os pueda preparar una cena para impresionar a un ligue, probad con estas sencillas pero deliciosas patatas asadas. No os recomiendo que las acompañéis con una cola *light*, aunque seguro que Rachel sí.

El caviar le aporta un toque de lujo, pero se puede omitir. Si queréis que sea una comida completa, servid las patatas con la «Ensalada de acompañamiento de Rachel» (página 53) y, de postre, añadid unos «*Macarons* de los Pajaritos Marrones» (página 144).

- 2 patatas *russet* (para cocer) con la piel bien lavada
- 2 cucharadas de aceite de oliva
- ¼ taza de sal marina en escamas
- 225 gramos de *crème fraîche*
- ¼ taza de hojas de eneldo fresco medido, picado grueso, más dos ramitas para adornar
- Pimienta negra recién molida
- ¼ taza de caviar o huevas de pescado
- ½ limón pequeño cortado en gajos

Precalentad el horno a 175 °C.

Con ayuda de un tenedor, pinchad las patatas por todas partes.

Disponed las patatas en un cuenco mediano y agregadles el aceite de oliva, asegurándoos de que se impregnan bien. Sazonad con una cantidad generosa de sal en escamas.

Colocad las patatas directamente en la rejilla del horno y hornead de 60 a 75 minutos, hasta que la piel esté crujiente y la patata no ofrezca resistencia al pincharla con un tenedor.

Mientras se asan las patatas, mezclad la *crème fraîche* con el eneldo en un cuenco pequeño y salpimentad al gusto. Removedlo todo bien y metedlo en la nevera.

Cuando las patatas estén asadas, partidlas por la mitad en sentido longitudinal y rellenadlas con la *crème fraîche*. Adornadlas con un poco de caviar y una ramita de eneldo y servidlas con pimienta negra recién molida y un gajo de limón y ¡buen provecho, cariño!

Mitad pastel de carne

Temporada 6, episodio 9
«En el que Ross se coloca»

PARA: 6 raciones
PREPARACIÓN: 1½ hora

Lo bueno de esta receta es que no incluye una receta para preparar la mitad de un tradicional *triffle* inglés, un postre a base de capas. Cuando fracasa en su intento de preparar el postre del día de Acción de Gracias, Rachel sirve mitad *triffle*, mitad pastel de carne, una creación que solo gusta a Joey. Nosotros os recomendamos que sirváis estos pasteles individuales a modo de estupendo entrante. No los confundáis con el «*Triffle* de carne de Rachel» (página 163) y combinéis ambas cosas, ya que lo más seguro es que sepa a pie.

La idea es servir esta receta en moldes de tartaletas individuales o pequeños boles, pero también se puede preparar en una fuente de horno grande.

1 cucharada de aceite de girasol
1 cebolla amarilla grande picada
Sal y pimienta
2 zanahorias grandes peladas y cortadas
700 gramos de ternera magra picada
1½ de guisantes congelados
1 cucharada de salsa Worcestershire
2 cucharadas de romero fresco medido, picado fino
1 taza de caldo de carne
110 gramos de pasta de tomate
3-4 tazas de «Puré de patatas» (página 130)

Poned a fuego alto una sartén grande de fondo grueso. Cuando esté caliente, añadid el aceite. Cuando el aceite esté brillante, incorporad la cebolla y salteadla de 2 a 3 minutos, hasta que se vuelva translúcida. Salpimentad al gusto.

Añadid la zanahoria y dejad 2 o 3 minutos, hasta que se caramelice.

Haced a un lado la cebolla y la zanahoria, añadid la ternera y rehogad de 3 a 5 minutos, hasta que adquiera un color marrón. Salpimentad al gusto.

Cuando la carne esté dorada, añadid los guisantes, la salsa Worcestershire, el romero, el caldo de carne y la pasta de tomate. Removed y bajad a fuego medio-bajo. Cocinad a fuego lento unos 15 minutos, hasta que el caldo se reduzca a la mitad, y salpimentad nuevamente al gusto.

Precalentad el horno a 190 °C.

Repartid la carne en 6 moldes individuales de 15 centímetros de diámetro. Cubrid con una cantidad generosa de puré de patatas y extendedlo bien. Pasad los moldes a una bandeja de hornear.

Hornead de 10 a 15 minutos, hasta que el puré se dore.

Galette de cebolla de Monica

Temporada 1, episodio 15
«El del hombre colocado»

PARA: 6 raciones
PREPARACIÓN: 1½ hora

Monica tiene la oportunidad de trabajar de jefa de cocina en un restaurante de cuyo propietario, Steve, es masajista Phoebe. Phoebe lleva a Steve al piso de Monica, ya que la entrevista será la cena que ella le prepare. El problema es que, cuando iban hacia allí en el taxi, él se ha fumado un porro. Esta *galette* de cebolla sacia más que las minitartaletas de cebolla que Monica ofrece al que podría ser su futuro jefe. Aunque decir «*galette*» no es tan divertido como decir «tartaletas», seguro que esta *galette* impresiona a todos, aunque estén cocidos.

«Base para tartas» (página 12) refrigerada
3 cucharadas de aceite de colza
6-8 cebollas amarillas medianas cortadas en aros de alrededor de 1 centímetro
2 cucharadas de orégano fresco medido, picado grueso
Sal y pimienta
½ taza de vinagre de Jerez
¾ taza de queso gruyer rallado
1 huevo

Precalentad el horno a 220 °C y forrad 2 o 3 bandejas para hornear con papel de horno.

Sacad la masa del refrigerador y extended en 2 círculos de unos 30 centímetros de diámetro. Disponed los círculos en las bandejas y metedlas de nuevo en la nevera.

Poned a fuego alto una cazuela grande de fondo grueso o una sartén de hierro fundido. Cuando esté caliente, bajad a fuego medio y añadid el aceite. Cuando el aceite esté brillante, incorporad la cebolla y el orégano y salpimentad al gusto. Dejad de 10 a 12 minutos, hasta que la cebolla esté caramelizada, removiendo de vez en cuando, y agregad el vinagre de Jerez.

Cuando las cebollas estén, sacad las bases de la nevera y, trabajando desde el centro hacia fuera, extended las cebollas por la masa, asegurándoos de dejar unos 5 centímetros de separación del borde para poder doblar y cerrar las *galettes*.

Espolvoread el gruyer sobre la cebolla y formad el borde doblando los 5 centímetros sin relleno de masa sobre el relleno. Trabajad el reborde como el repulgo de las empanadas.

Batid ligeramente un huevo en un cuenco pequeño y, con ayuda de un pincel de cocina, pintad la masa.

Hornead unos 20 minutos, hasta que la masa esté crujiente y el queso se funda y burbujee. Procurad no ser impacientes y comed barquitas para tacos mientras esperáis.

«¿Tartaletas? ¿Tartaletas? ¿Tartaletas? Nunca me han gustado.»

—Steve

Una uña azul en la quiche

Temporada 4, episodio 3
«El de las esposas»

PARA:
6 raciones

PREPARACIÓN:
1 hora

Monica se encarga del *catering* de una fiesta que da su madre para sus amigos, pero, mientras prepara la comida, una de las uñas postizas azules que lleva va a parar accidentalmente a una de las quiches. Siempre contando con que su hija meterá la pata, la señora Geller tiene lasañas congeladas por si acaso. No os preocupéis, las patatas azules de esta receta se pueden comer sin problema y son deliciosas.

1 taza de patatas azules cortadas en dados de 2,5 centímetros
«Base para tartas» (página 12) refrigerada
2 tazas de alubias secas (para hornear en blanco)
6 huevos
½ de leche entera
½ taza de nata líquida para cocinar
Sal y pimienta
½ puerro mediano en tiras finas
1 taza de queso gruyer rallado

Precalentad el horno a 190 °C.

Poned a fuego alto una cazuela grande con agua y las patatas y llevad a ebullición. Coced las patatas unos 10 minutos, hasta que estén blandas, pero no cocidas del todo. Cuando estén listas, escurridlas y reservadlas.

Extended la masa para que cubra un molde de tarta de 25 centímetros. Pasad la masa al molde y forrad con una hoja grande de papel de horno. Colocad encima las alubias y hornead en blanco de 10 a 12 minutos, hasta que la masa esté parcialmente hecha, y sacad del horno.

Mientras tanto, en un cuenco mediano, batid los huevos con la leche y la nata líquida, salpimentad y añadid a esta mezcla las patatas, el puerro y ¾ taza del gruyer.

Después de hornear en blanco la masa, agarrad el papel por las cuatro esquinas, retirad las alubias y guardadlas para volver a utilizarlas. Verted la mezcla de huevo y patata directamente en la masa y espolvoread el ¼ de taza de gruyer que queda. Hornead de 40 a 45 minutos, hasta que la masa y el relleno adquieran un tono dorado.

NOTA DE LA CHEF MONICA: «Hornear en blanco» significa cocer una masa sin relleno, por lo general poniéndole encima unas alubias secas para impedir que la masa suba. Las alubias se pueden reutilizar para hornear en blanco otra tarta, pero no se pueden cocinar para comerlas.

Festín de salchichas en honor del tío feo desnudo

Temporada 3, episodio 8
«El del macroartilugio punzante»

PARA: 6 very hearty raciones
PREPARACIÓN: 1 hora

Los amigos se pasan el día entero espiando a su vecino de enfrente. Cuando Joey se da cuenta de que el tío feo desnudo está muy quieto, le preocupa que haya muerto, de manera que diseña un artilugio punzante muy largo con palillos chinos para pincharlo a través de la ventana, que está abierta. Resulta que está vivo, pero no le hace mucha gracia la payasada. Para celebrar la vitalidad del tío feo desnudo, este festín de salchichas gusta a todo el mundo. Preparad bastantes salchichas para un batallón y ofreced tres guarniciones distintas para daros un festín. Si tenéis amigos que no comen nada que tenga ojos, aseguraos de incluir salchichas vegetarianas.

18 salchichas de vuestra elección
18 panecillos para perritos calientes

PERRITOS CON MAÍZ:
2 cucharadas de leche
1 cucharada de sal
2 mazorcas de maíz
2 gajos de lima
1 taza de cilantro
140 gramos de sazonador de tajín
170 gramos de mayonesa
½ taza de «Cebolla morada confitada» (página 15)
280 gramos de queso cotija o de queso *feta*

PERRITOS CON *KIMCHI*:
2 dientes de ajo
½ taza de mayonesa
Sal y pimienta
450 gramos de *kimchi*
½ taza de «Chalotas crujientes» (página 15) o de cebolla frita comprada

PERRITOS SUREÑOS:
110 gramos de mostaza de Dijon
3 tazas de «Increíbles macarrones» (página 85)
450 gramos de pepinillos en vinagre con eneldo
Salsa barbacoa

En una parrilla caliente, asad las salchichas de cerdo o de ternera hasta que la temperatura interior sea de 60 °C. Si las salchichas son de pollo, asadlas hasta que la temperatura sea de 70 °C. Si no tenéis parrilla, hervid de 7 a 10 minutos las salchichas, escurridlas y doradlas bien a fuego medio en una sartén grande bien caliente para darles color. Disponedlas en una bandeja grande. Si decidís servir también salchichas vegetarianas, aseguraos de cocinarlas y servirlas por separado.

Precalentad el horno a 90 °C. Cinco minutos antes de servir, calentad los panecillos en el horno unos 5 minutos.

PARA PREPARAR LOS PERRITOS CON MAÍZ:
Poned al fuego una cazuela grande con agua. Cuando el agua rompa a hervir, añadid la leche, la sal y las mazorcas de maíz. Coced el maíz de 4 a 5 minutos, hasta que se vuelva de un amarillo vivo. Escurrid y reservad.

Calentad bien una parrilla o una plancha. Cuando esté, asad bien las mazorcas por los dos lados unos 2 minutos, dejando que se formen las marcas de la parrilla.

Con ayuda de un cuchillo afilado, retirad el maíz de la mazorca y mezcladlo con zumo de lima, ½ taza de cilantro y el sazonador de tajín y pasadlo a un cuenco para servir.

Servid en distintos cuencos pequeños los demás acompañamientos de las salchichas: mayonesa, cebolla morada encurtida y la ½ taza de cilantro restante.

Para montar los perritos, untad de mayonesa un lado o los dos del panecillo, introducid una salchicha y añadid maíz y queso cotija o *feta* desmenuzado.

PARA PREPARAR LOS PERRITOS CON *KIMCHI*:
En un procesador de alimentos, mezclad unos 2 minutos el ajo con la mayonesa, hasta integrarlos bien. Salpimentad al gusto.

Disponed el *kimchi* y la chalota en cuencos para servir.

«He diseñado un artilugio punzante muy largo.»

—Joey

Para montar los perritos, extended mayonesa de ajo en los dos lados del panecillo, introducid una salchicha y añadid una cantidad generosa de *kimchi* y chalota.

PARA PREPARAR LOS PERRITOS SUREÑOS:
Disponed todas las guarniciones en cuencos para servir.

Para montar los perritos, untad con una fina capa de mostaza el panecillo, introducid una salchicha y poned un pepinillo en uno o en ambos lados de la salchicha. Añadid una cucharada de macarrones y rematad con salsa barbacoa.

Dios bendiga el shakshuka con garbanzos

Temporada 1, episodio 17
«El que tiene dos partes: Parte 2»

PARA:
6 raciones

PREPARACIÓN:
45 minutos

Dios bendiga los garbanzos. Con los garbanzos se pueden hacer muchas cosas, como un *hummus* cremoso con ajo y, con un poco de esfuerzo, incluso un delicioso desayuno que encantará a todos vuestros amigos, tanto a los vegetarianos como a los no vegetarianos. Por desgracia, probablemente no os puedan salvar una cita con un par de médicos guapos que está saliendo mal porque vuestra amiga y tú habéis intercambiado vuestra identidad para que ella pueda utilizar vuestro seguro médico. Servidlo con pan ácimo caliente y pegotes de *labneh* (un yogur denso de Oriente Medio) o queso *feta* desmenuzado.

- ¼ taza de aceite de aguacate
- 1 cebolla amarilla mediana cortada en dados
- 1 cucharadita de pimentón dulce
- 1½ cucharada de comino en polvo
- 3 cucharadas de *harissa*
- 3 cucharadas de pasta de tomate
- 4 dientes de ajo picados finos
- 700 gramos de tomates triturados San Marzano sin albahaca
- 450 gramos de garbanzos
- Sal y pimienta
- 6 huevos (opcionales)
- ¼ taza de perejil picado

Poned a fuego medio-alto una sartén grande de fondo grueso. Cuando esté caliente, bajad a fuego medio y añadid el aceite de aguacate y la cebolla. Removed y saltead la cebolla unos 5 minutos, hasta que esté translúcida.

Agregad el pimentón y el comino y dejad de 2 a 3 minutos, hasta que las especias desprendan su aroma, removiendo de vez en cuando.

Incorporad la *harissa* y la pasta de tomate para que la cebolla y las especias empiecen a amalgamarse.

Añadid el ajo sobre esta pasta y mezclad con delicadeza, evitando que el ajo entre en contacto directo con el calor, para que no se queme.

Agregad los tomates y los garbanzos y bajad a fuego medio-bajo. Cocinad a fuego lento unos 10 minutos, hasta que la *shakshuka* haya espesado un poco, y salpimentad al gusto.

Si vais a utilizar huevos, distribuidlos por la *shakshuka* a los 3 minutos de cocción. No los remováis, dejad que se hagan en el tomate.

Antes de servir, adornad con perejil recién picado y dejad que vuestros amigos se sirvan directamente de la sartén.

Temporada 6, episodio 17
«El del unagi»

PARA: 6 raciones
PREPARACIÓN: 1 hora

La importancia del unagi: poke con piel de salmón crujiente

Según Ross, la importancia del *unagi* es que es un estado de «absoluta concentración». Ross intenta enseñar a Rachel y Phoebe, que están yendo a clases de defensa personal, la importancia del *unagi* escondiéndose para asustarlas con un ataque por sorpresa. «Solo si se consigue el verdadero *unagi* puede uno enfrentarse a cualquier peligro que esté acechando», les advierte. Por su parte, las chicas intentan aclararle que '*unagi*' es una palabra japonesa que significa «anguila de agua dulce». Dejaremos la anguila a los profesionales del *sushi*, pero esto no es excusa para que os preparéis para alcanzar el estado de absoluta concentración necesario para atacar estos *pokes* con piel de salmón crujiente.

2 tazas de arroz para *sushi* lavado
3 tazas de agua
½ taza de vinagre de vino de arroz
3 cucharadas de azúcar
½ taza de maicena
Sal y pimienta
1 filete de salmón de 900 gramos, con piel, para *sushi*
¼ taza de salsa de soja o de *tamari*
2 cucharadas de pasta de guindilla
2 cucharadas de azúcar moreno
2 tazas de aceite vegetal
3 aguacates deshuesados y rebanados
1 pepino grande abierto por la mitad en sentido longitudinal y rebanado
1 taza de judías *edamame* desgranadas
1 taza de *wakame* comprada (opcional)
¼ taza de jengibre encurtido
2 tallos de cebolleta picados en tiras finas
¼ taza de semillas de sésamo negro tostadas
Mayonesa de *sriracha* (opcional)

En un cazo mediano, poned a fuego alto el arroz para *sushi* con el agua. Cuando rompa a hervir, bajad el fuego, tapadlo y dejadlo 20 minutos, hasta que se haga. Para entonces el arroz debería estar blando. De no ser así, añadid una cucharada de agua caliente y dejad que se termine de hacer al vapor unos minutos más. Apartad del fuego y dejad que se enfríe.

En un cuenco mediano, mezclad ¼ taza del vinagre de vino de arroz con el azúcar y removed hasta que el azúcar se haya disuelto. Reservad.

Poned la maicena en un cuenco pequeño y salpimentad al gusto. Reservad.

Humedeced un paño de cocina y colocadlo bajo una tabla de cortar: de este modo la tabla no se moverá. Colocad el salmón en la tabla y, con ayuda de un cuchillo para pescado afilado, agarrad el pescado por la cola, haced un corte sesgado en la carne y deslizad el cuchillo a ras de la piel mientras lo sostenéis con firmeza por el extremo. El cuchillo debería ir pegado a la piel, retirándola de la carne. No pasa nada porque quede un poco de carne en la piel. Reservad la carne.

En un cuenco mediano, poned la salsa de soja o de *tamari*, la ¼ taza de vinagre de vino de arroz restante, la pasta de guindilla y el azúcar moreno y removed con suavidad hasta que se disuelva el azúcar.

Cortad el salmón en dados medianos, disponedlos en un cuenco y agregadles la salsa de soja que acabamos de preparar. Recubrid bien todos los pedazos y dejad marinar de 5 a 7 minutos.

Poned a fuego medio-alto una sartén para freír mediana y calentad el aceite a 150 °C. Bajad a fuego medio.

Cuando el aceite esté caliente, rebozad la piel de salmón por ambos lados en la maicena. Freíd en el aceite y dadle la vuelta a los 2 o 3 minutos. Comprobad que la piel está crujiente pasando un palillo chino por ella: si está firme y el sonido es rasposo es que está. Sacadla de la sartén y

«Ah, lo que daría por un rollito de salmón.»

—Rachel

pasadla a un plato con papel de cocina. Troceadla en tiras de unos 6 centímetros.

En un cuenco grande, disponed el arroz cocinado y ya frío. Añadid la mezcla de vinagre y azúcar y mezclad con delicadeza, procurando no romper el arroz.

Para montar el plato, repartid el arroz en 6 cuencos o platos, disponed el salmón en un lado y el aguacate en el otro e id rellenando el espacio que queda entre ellos con pepino, *edamame*, *wakame* y jengibre encurtido. Colocad unas tiras de crujiente piel de salmón en vertical junto al salmón, adornad con semillas de sésamo negro y cebolleta y, si queréis, añadid unos hilos de mayonesa de *sriracha*. Y gritad ¡UNAGI!

Pechugas de pollo al ladrillo con polenta cremosa para Carol y Susan

Temporada 2, episodio 11
«El de la boda lesbiana»

PARA: 2 raciones
PREPARACIÓN: 1½ hora
REPOSO: 4 horas

Cuando la encargada del *catering* para la boda de Carol y Susan sufre un accidente y le tienen que escayolar el cuerpo entero, ellas piden a Monica que se encargue de organizar el banquete. A la hora de planificar el menú, Monica no termina de decidirse entre cordero o pato, pero, salvo que sea muy obvio, sugiere pechugas de pollo.

Siempre podéis servir este plato con «Salchichas nupciales en saco» (página 37), después de todo las envolvió el mismísimo Joey. Para preparar el pollo al ladrillo es preciso cocinar el pollo bajo un ladrillo envuelto en papel de aluminio, pero vosotros podéis utilizar simplemente una sartén de fondo grueso.

2 pechugas de pollo deshuesadas
2 cucharadas de aceite de girasol
1 cucharada de ajo en polvo
¼ cucharadita de cardamomo en polvo
½ cucharadita de pimentón ahumado
2 tazas de caldo de pollo
1 taza de agua
1 taza de polenta
Sal y pimienta
½ taza de vino blanco
⅓ taza de nata líquida para repostería
½ taza de queso parmesano rallado
La ralladura y el zumo de 1 naranja
3 hebras de azafrán (opcional)
⅓ taza de mantequilla sin sal en trocitos
⅓ taza de aceitunas verdes deshuesadas
2 cucharadas de perejil fresco picado grueso

En un recipiente con tapa, cubrid las pechugas de pollo con 1 cucharada del aceite de girasol, asegurándoos de que el pollo se impregne bien. Añadid el ajo en polvo, el cardamomo y el pimentón ahumado y embadurnad bien el pollo con las especias. Dejad marinar en la nevera 4 horas.

Poned una cazuela mediana al fuego y llevad a ebullición 1½ taza del caldo de pollo y el agua. Agregad la polenta mientras removéis enérgicamente con una varilla para que no se formen grumos. Bajad el fuego y cocinad la polenta destapada de 5 a 7 minutos, removiendo de vez en cuando, hasta que esté suave. Tapadla y apartadla del fuego mientras seguís preparando el resto de la comida.

Poned a fuego alto una sartén grande de fondo grueso. Cuando esté caliente, añadid la cucharada de aceite de girasol restante y dejad alrededor de 1 minuto, hasta que el aceite esté brillante. Bajad a fuego medio e incorporad las pechugas con la piel hacia abajo. Ponedles encima un ladrillo grande envuelto en papel de aluminio o, si preferís, tapad el pollo con una lámina de papel de aluminio y colocadle otra sartén pesada encima. Aseguraos de encender el ventilador o abrir las ventanas, ya que el pimentón hará que se forme un poco de humo. A los 5 minutos más o menos, cuando la piel esté dorada y crujiente, dadle la vuelta al pollo y cocinadlo por el otro lado de 3 a 5 minutos más, hasta que la temperatura interior sea de 70 °C en la parte más gruesa.

Pasad el pollo a una tabla de cortar, salpimentadlo al gusto y dejad que repose. Bajad a fuego medio y añadid el vino blanco para desglasar la sartén, removiendo para rascar lo que haya quedado pegado. Incorporad la nata líquida y el queso parmesano.

A continuación, agregad la ½ taza de caldo de pollo restante, la ralladura y el zumo de la naranja y el azafrán y cocinad a fuego lento de 5 a 7 minutos, hasta que el líquido se reduzca a la mitad. Cuando la salsa se haya reducido, y sin parar de remover, empezad a añadir trocitos de mantequilla hasta que espese, durante unos 5 minutos. Una vez espesa, añadid las aceitunas verdes con un poco de su líquido y salpimentad al gusto.

Para servir, colocad una porción de polenta en el plato, disponed encima el pollo y regadlo generosamente con la salsa, asegurándoos de incluir algunas aceitunas. Adornad con perejil recién picado.

Pollo frito en la bañera

Temporada 5, episodio 2
«El de los besos»

PARA: 2 raciones
PREPARACIÓN: 3 horas
REPOSO: 6-12 horas

Las cenas románticas a la luz de las velas son cosa del pasado. Si de verdad os gusta alguien, probad a prepararle un baño romántico a la luz de las velas y ofrecedle pollo frito. Los dedos grasientos no supondrán un problema y ese «amigo que tanto os gusta y con el que queréis pasar más tiempo» estará monísimo con las burbujas. Servidlo con «Judías mágicas» (página 55) y «Ensalada de kale» (página 57) si queréis que la fiesta de la bañera sea redonda.

- 4 tazas de suero de leche
- 4 cucharadas de ajo en polvo
- 4 cucharadas de mostaza en polvo
- ½ taza de sazonador Old Bay o sazonador de barbacoa
- Salsa picante al gusto y también para servir
- 1 pollo entero de 1,300 kilo o 1,800 kilo en 6 trozos
- 4 tazas de aceite de colza
- 2 tazas de harina de trigo
- 1 taza de maicena
- Sal y pimienta
- Miel para servir

NOTA DE LA CHEF MONICA: Si pensáis servirlo con la ensalada de kale, podéis preparar la ensalada un día antes o bien mientras se está marinando el pollo.

En un cuenco grande, mezclad bien el suero de leche, 2 cucharadas del ajo en polvo, 2 cucharadas de la mostaza en polvo, ¼ taza de sazonador Old Bay o de barbacoa y salsa picante. Añadid los trozos de pollo, asegurándoos de que el líquido los cubre por completo. Ponedle una tapa y dejad marinar en la nevera de 6 a 12 horas o durante toda la noche.

Una hora antes de servir, sacad el pollo de la nevera y dejad que repose a temperatura ambiente.

Poned a fuego medio-alto una cazuela de hierro fundido grande o una cazuela mediana de fondo grueso y calentad el aceite a 190 °C. Precalentad el horno a 200 °C.

En otro cuenco grande, mezclad la harina, la maicena, las 2 cucharadas de ajo en polvo, las 2 de mostaza en polvo restantes y la ¼ taza de sazonador Old Bay o de barbacoa. Salpimentad al gusto, pero sed generosos. Probad un poco de la mezcla para aseguraros de que está bien sazonada. No pasa nada si está algo más sabrosa de lo habitual, ya que, al freírlo, el pollo perderá parte de la sal.

Rebozad en la harina los trozos de pollo marinado, de 2 en 2, asegurándoos de que todo está perfectamente cubierto, y freídlos en aceite caliente, 3 o 4 minutos por cada lado, de 6 a 8 minutos en total, hasta que la piel esté dorada.

El pollo debería estar dorado por fuera y a 70 °C por dentro, introduciendo un termómetro de cocina en la parte más gruesa. Si el pollo no ha alcanzado esta temperatura por dentro, pasadlo a una rejilla de horno colocada sobre una bandeja y, con el horno precalentado, terminad de cocinarlo mientras freís los demás trozos.

Cuando esté listo para servir, colocad un paño de cocina en una bandeja de servir o un plato llano y disponed el pollo dándole volumen. Comedlo con vuestra salsa picante preferida o añadidle un toque de miel.

Fajitas abrasamanos de Ross

Temporada 10, episodio 2
«El de cuando Ross está bien»

PARA:
6 raciones

PREPARACIÓN:
30 minutos

¿Qué puede ser más incómodo que cenar con vuestra novia, vuestra exnovia (que además es la madre de vuestra hija), que ahora está saliendo con vuestro mejor amigo, y el susodicho mejor amigo? ¡Tomar tantos margaritas que acabáis sacando el plato de fajitas del horno sin manoplas! Al final, Ross no está tan bien. Se recomienda encarecidamente el uso de manoplas cuando preparéis estas fajitas de gambas. Servidlas con «El Ross-a-Tron» (página 173) y el «Pollo y alubias negras con grasa de pato» (página 56).

1 cucharada de aceite de oliva virgen extra
340 gramos de falda de ternera en lonchas finas
1 pimiento rojo grande cortado en tiras de 1 centímetro
1 pimiento verde grande cortado en tiras de 1 centímetro
1 cebolla morada grande cortada
¼ cucharadita de comino en polvo
¼ cucharadita de guindilla en polvo
Sal y pimienta
El zumo de 1 lima
12 tortillas de trigo o de maíz
Cilantro picado grueso
Queso cotija desmenuzado
1 rábano mediano cortado en láminas finas y metido en agua fría
2 limas cortadas en gajos
225 gramos de «Salsa verde» (página 29) o comprada (opcional)

Precalentad el horno a 230 °C.

En un cuenco grande, mezclad bien, pero con delicadeza, el aceite, la ternera, el pimiento rojo, el pimiento verde, la cebolla, el comino, la guindilla en polvo, ½ cucharadita de sal, ½ cucharadita de pimienta y el zumo de lima y reservad.

Envolved las tortillas bien apretadas en papel de aluminio y disponedlas en la esquina superior de la mitad de una bandeja de hornear.

En la otra mitad, distribuid la carne y las verduras.

Introducid la bandeja en la parte central del horno y hornead 12 minutos o hasta que las verduras estén tiernas y la carne dorada por fuera.

Para montar el plato, colocad carne y verduras en las tortillas y añadid cilantro, queso cotija, láminas de rábano y un poco de zumo de lima y, si queréis, salsa verde.

«¡Las fajitas! ¡Cuidado, el plato está muy caliente! ¡Está ardiendo!»

—Ross

El de la cesta de pícnic (rillettes de pato)

Temporada 3, episodio 15
«El de cuando Ross y Rachel se toman un descanso»

PARA: 2 raciones
PREPARACIÓN: 2 horas
REPOSO: 24-48 horas

Si estáis enamorados del amor como Ross y queréis expresarle vuestros profundos sentimientos a alguien especial o celebrar una ocasión tan importante como vuestro primer aniversario, preparad una cesta de pícnic y problema resuelto. Estas rillettes de pato (una especie de paté frío), el «Cuscús de cereza con mantequilla tostada» (página 59), los «Tomates verdes encurtidos» (página 58) y la «Macedonia de Melanie» (página 54) constituyen un precioso acto de amor que vale la pena saborear. Pero quizá no sea buena idea que os presentéis en el trabajo de vuestra novia con esta cesta cuando ella va a contrarreloj y no tiene tiempo para parar. Y, probablemente, tampoco lo sea acostarse con Chloe, la chica de la fotocopiadora, porque penséis que os habéis tomado un descanso.

Para preparar las *rillettes* necesitaréis dos tarros de cristal esterilizados con tapa.

¼ taza de sal marina gruesa
2 cucharadas de tomillo seco
3 hojas de laurel
1,300 kilo de muslos de pato
4 tazas de caldo de pato o de pollo
4 dientes de ajo enteros pelados
1 manojo de tomillo fresco, la mitad solo las hojas
1 centímetro de jengibre fresco en rodajas
2 cucharadas de granos de pimienta negra más pimienta fresca recién molida
3 cucharadas de brandi
1 cucharada de mostaza de Dijon
La ralladura de 1 naranja mediana y algo más para adornar
½ taza de perejil picado
Crackers o rebanadas de *baguette* para servir

En un molinillo de especias, triturad con la función pulso de 1 a 2 minutos la sal marina gruesa, el tomillo seco y las hojas de laurel para crear una sal de hierbas. Todos los gránulos deberían tener la misma consistencia. También podéis utilizar un mortero. Recubrid generosamente por todas partes los muslos de pato (a los que previamente habréis retirado la humedad con un paño o papel de cocina) con esta sal. De este modo se añadirá sabor al pato, pero, sobre todo, la sal servirá para curar los muslos.

Una vez salados, introducidlos en un tarro de cristal, tapad el tarro y refrigerad de 12 a 24 horas.

Precalentad el horno a 105 °C.

Pasad los muslos de pato por agua fría para quitarles la sal y colocadlos en una cazuela de barro, una cacerola grande o una fuente de horno y cubridlos con caldo de pato o pollo. Añadid los dientes de ajo, el tomillo fresco, el jengibre y los granos de pimienta, tapad y hornead de 4 a 5 horas, hasta que la carne se desprenda del hueso.

Sacad el recipiente del horno y, con la mayor delicadeza posible, separad el pato de la grasa y los jugos y metedlo en un túper. Colad la grasa y los jugos, pasadlos a un tarro de cristal templado y dejadlos reposar hasta que estén a temperatura ambiente. Cuando tanto el pato como la grasa y los jugos estén a temperatura ambiente, refrigerad de 12 a 24 horas.

Sacad la carne y la grasa y los jugos de la nevera. En un cuenco mediano, deshilachad la carne con las manos.

«Bueno, me has dicho que no podías salir, así que...»

—Ross

«Has traído una cesta, menudo novio. Se acabó, el lunes empiezo a maquillarme.»

—Sophie

La grasa y los jugos deberían haberse solidificado y separado. Coged unas 2 cucharadas de grasa de pato del tarro y añadidlas al cuenco de la carne de pato. Agregad el brandi, la mostaza, las hojas de tomillo, la ralladura de naranja y pimienta negra recién molida.

Con una batidora de brazo o de vaso con el accesorio batidor, batid de 2 a 3 minutos a velocidad media-baja la grasa hasta que emulsione con la mostaza y las *rillettes* empiecen a tener un aspecto cremoso. Si fuera necesario, añadid poco a poco 1 o 2 cucharadas de los jugos para ayudar a que la mezcla emulsione y continuad batiendo 1 o 2 minutos más.

Cuando todos los ingredientes estén integrados, introducid las *rillettes* de pato en tarros de cristal esterilizados de unos 110 gramos y compactadlas bien para eliminar todo el aire.

Añadid una capa adicional de grasa de pato, un poco de ralladura de naranja y perejil fresco y tapad. Aunque se pueden comer seguidamente, resulta recomendable dejar que las *rillettes* reposen en la nevera de 2 a 7 días antes de servirlas y pueden durar 2 meses como mínimo si se envasan adecuadamente. Los jugos sobrantes se pueden utilizar como caldo en otras recetas.

Disfrutadlas con *crackers* o con una *baguette*.

Chuletón de antojo de Phoebe

Temporada 4, episodio 11
«El de la falsa fiesta»

PARA: 6 raciones
PREPARACIÓN: 1 hora
REPOSO: 24 horas

Si estáis embarazadas de los trillizos de vuestro hermano, quizá tengáis antojo de carne; si sencillamente sois unos amantes de la carne hambrientos como Joey, es muy posible que también tengáis antojo de carne. Sin duda está receta satisfará cualquier antojo. Pero tened en mente el pacto que hacen Phoebe y Joey de ayudar a equilibrar el impacto medioambiental que tiene la carne limitando su consumo. Acompañad este chuletón con el *mocktail* «El del gato apestoso» (página 174) y el «Granizado de Phoebe» (página 154).

MANTEQUILLA DE CHIMICHURRI:

1 taza de mantequilla con sal a temperatura ambiente
1 chalota picada
1 jalapeño sin semillas y picado
4 dientes de ajo machacados
¼ taza de perejil medido y picado
¼ taza de cilantro medido y picado
El zumo de 1 lima

CHULETÓN:

6 chuletones bien entreverados de unos 4 centímetros de grosor
¼ taza de sal *kosher*
Rúcula para servir
Lascas de queso parmesano para servir
Gajos de limón para servir

PARA PREPARAR LA MANTEQUILLA DE CHIMICHURRI:
En un procesador de alimentos, procesad con la función pulso de 2 a 3 minutos todo salvo el zumo de lima, hasta que los ingredientes estén bien integrados y la mantequilla haya adquirido un color verde.

Con ayuda de una espátula de silicona, agregad el zumo de lima con un movimiento en forma de ocho, de manera que no se quede encima de la mantequilla. Cuando esté, dad unos toques con la función pulso para incorporar el zumo.

Pasad la mantequilla a un pliego de papel de horno y extendedla, dejando de 10 a 12 centímetros de borde por los lados y la parte superior. Doblad el papel por la mitad con la mantequilla y enrolladla en forma de tronco. Mantened el tronco envuelto en este papel y, a su vez, en film transparente o papel encerado para que la mantequilla no coja olor a nevera. Refrigeradla por la noche y empezad a preparar los chuletones.

Cuando estén listos, cortad la mantequilla en discos con ayuda de un cuchillo mojado en agua caliente y colocad discos encima de los chuletones. ¡Satisfaced los antojos del embarazo!

NOTA DE LA CHEF MONICA:
Los chuletones se pueden salar 30 minutos antes de sellarlos o de 18 a 24 horas antes de sellarlos; si se salan antes o después de esos tiempos, la sal hará que la carne pierda sus jugos y quede seca. Lo ideal sería salarla 24 horas antes, puesto que de todas formas la mantequilla que habéis preparado necesita tiempo para solidificarse.

Si estáis embarazadas o cocináis para alguien que lo esté, escoged el chuletón que tenga más grasa entreverada y aseguraos de que queda bien hecho, es decir, durante unos 10 minutos. Estará hecho y podrán comerlo las mujeres embarazadas cuando la temperatura interior sea de 70 °C.

PARA PREPARAR EL CHULETÓN:
Disponed los chuletones en una bandeja de hornear grande. Saladlos generosamente por ambos lados, pero sin pasaros. El objetivo es una capa ligera, pero uniforme, de sal por ambos lados para que el chuletón se selle bien. Tapad con otra bandeja boca abajo y refrigerad 24 horas.

Al menos 30 minutos antes de cocinarlos, sacad la carne de la nevera y dejad hasta que esté a temperatura ambiente. Precalentad el horno a 260 °C.

Poned a fuego alto una sartén de hierro fundido grande. Dejad que se caliente casi hasta el punto de humear (podéis encender el extractor de humos). Cuando esté caliente, trabajad por tandas: pasad los chuletones a la sartén, dejad sellar 1 minuto o hasta que la carne empiece a despegarse de la sartén, dadles la vuelta y sellad ese lado 1 minuto más. Una vez sellado, reservad en una bandeja de hornear y repetid la operación hasta sellar todos los chuletones. Bajad el fuego y mantened la sartén al mínimo para que no pierda el calor.

Disponed los 6 chuletones en la sartén (sin que se amontonen, pero no pasa nada porque estén apretados). Sazonad con pimienta negra recién molida y colocad 1 disco de mantequilla de 1 centímetro encima de cada chuletón. Hornead de 4 a 5 minutos (podéis darles la vuelta cuando haya transcurrido la mitad del tiempo, pero no es necesario).

Sacad los chuletones de la sartén y pasadlos a una tabla de cortar. Dejad que reposen 4 o 5 minutos antes de servirlos.

Cuando estén, añadid un disco de mantequilla más sobre cada chuletón, cortad la carne en tajadas en contra de la veta, servid sobre un lecho de rúcula y lascas de parmesano y acompañad con gajos de limón.

Bullabesa de Allesandro's

Temporada 8, episodio 21
«El de la clase de cocina»

PARA:
6 raciones

PREPARACIÓN:
2 horas

Cuando el trabajo de Monica en el restaurante Allesandro's recibe una crítica negativa, ella se disgusta, y decide presentarse en la clase de cocina que imparte el crítico para pedirle que le dé otra oportunidad a su bullabesa. Cuando el hombre la prueba y opina que es atroz, Monica se siente herida en su ego. Pero es muy posible que el crítico no tenga paladar, porque esta receta merece cinco estrellas.

1 taza de mayonesa
1 cucharadita de guindilla en polvo
1 diente de ajo rallado y 2 dientes de ajo picados finos
Sal y pimienta
3 cucharadas de aceite de oliva virgen extra
1 puerro grande bien limpio y cortado en tiras
1 cebolla blanca grande cortada en daditos
2 bulbos de hinojo cortados en pluma
½ taza de hinojo picado grueso
2 zanahorias grandes cortadas en daditos
110 gramos de tomates *cherry*
Un pan *batard* de masa madre cortado en rebanadas de 5 centímetros
1 hoja de laurel
3 cucharadas de tomillo picado
2 cucharadas de mejorana picada
4 o 5 hebras de azafrán (opcional)
1 cucharada de pimienta negra
9 tazas de caldo de pescado
2½ tazas de vino blanco
La ralladura y el zumo de 1 naranja
1,300 kilo de bacalao en filetes
900 gramos de langostinos limpios y partidos por la mitad o de gambas
225 gramos de almejas con la concha raspada
225 gramos de mejillones con la concha raspada y desbarbados

Precalentad el horno a 135 °C.

En un cuenco pequeño, mezclad la mayonesa con la guindilla en polvo y el ajo rallado para preparar un alioli. Salpimentad al gusto y reservad.

Poned a fuego alto una cazuela grande. Cuando esté caliente, bajad a fuego medio y añadid el aceite. Al ½ minuto o 1 minuto, cuando el aceite esté brillante, agregad el puerro y la cebolla y saltead unos 2 minutos. Incorporad el hinojo, la mitad de las hojas de hinojo y la zanahoria y dejad unos 3 o 4 minutos. Salpimentad.

Cuando las verduras estén tiernas, añadid los tomates y el ajo picado. Removed y rehogad de 3 a 5 minutos, hasta que los tomates se ablanden ligeramente.

Mientras se hace la verdura, tostad el pan en la rejilla central del horno de 5 a 7 minutos, hasta que se dore y esté ligeramente crujiente. Sacadlo del horno, pasadlo a un cesto para el pan y tapadlo con un paño de cocina para que se mantenga caliente.

Cuando los tomates estén algo blandos, añadid la hoja de laurel, el tomillo, la mejorana, el azafrán y la pimienta y cocinad de 2 a 3 minutos a fuego lento.

Incorporad el caldo de pescado, el vino blanco y la ralladura y el zumo de naranja y bajad el fuego a medio-bajo. Removed y dejad unos 3 minutos, para que se integren todos los sabores. Añadid el bacalao en tajadas gruesas y cocinad 3 minutos. Después, agregad los langostinos y dejad de 1 a 2 minutos antes de agregar las almejas y los mejillones. Cocinad de 4 a 5 minutos, hasta que las almejas y los mejillones se empiecen a abrir. Apagad el fuego, tapad y dejad reposar de 2 a 3 minutos antes de servir. Salpimentad al gusto.

Para servir, untad el pan con una capa uniforme de alioli y disponed la bullabesa en cuencos. Adornad con el hinojo restante y terminad con una rebanada de pan.

Cena con amigos

En esta sección se ofrecen menús completos con platos que se complementan y tienen un toque especial para todos vuestros amigos.

LA COMIDA DE LOS ANTEPASADOS DE CHANDLER: COMIDA CHINA

Noodles con cordero al estilo de Xi'an

Tostada de gambas

Ensalada de pepino picante

Arroz frito con verduras

COMIDA SIN OJOS

Curri de calabaza y anacardos

Coliflor frita

BANQUETE DE ACCIÓN DE GRACIAS CON AMIGOS DE MONICA

Pavo asado

Puré de patatas

Salsa

Relleno de pan de maíz

Salsa de chandlerándanos

Ensalada de invierno

Pacanas garrapiñadas picantes

Vale por un masaje sueco (albóndigas vegetarianas)

La comida de los antepasados de Chandler: comida china

Joey y Chandler por fin dejan de ser compañeros de piso. Chandler se va a vivir con Monica y Joey se está convirtiendo oficialmente en una persona adulta. En su última cena juntos, Joey lleva la comida típica italiana, pizza, y le pide a Chandler que también lleve comida e sus antepasados... ¿comida china?

撤僑機師
好運

Noodles con cordero al estilo de Xi'an

PARA: 6 raciones
PREPARACIÓN: 1½ hora
REPOSO: 4 horas

- 450 gramos de pierna o paletilla de cordero en tajadas finas
- ⅓ taza de salsa de soja oscura
- 3 cucharadas de vinagre de vino de arroz
- 2 cucharadas de aceite de sésamo
- ⅓ taza de azúcar moreno bien compactado
- 1 cucharada de comino en polvo
- 2 cucharadas de guindilla seca en copos
- 2 dientes de ajo rallados
- 1 cucharadita de jengibre fresco rallado
- 1½ cucharada de pimienta de Sichuan molida
- 2 cucharadas de maicena
- 450 gramos de *noodles* de arroz anchos (tipo tallarines) o *noodles pad see ew*
- ⅓ taza de cilantro picado grueso para adornar
- ⅓ taza de menta picada grueso para adornar
- Aceite de guindilla (opcional)

Extended las tajadas de cordero en una tabla de madera. Con ayuda de un ablandador o un rodillo, dad unos golpes a la carne para que las tajadas sean un poco más finas.

En un cuenco grande, mezclad la salsa de soja, el vinagre de vino de arroz, el aceite de sésamo, el azúcar moreno, el comino, la guindilla en copos, el ajo, el jengibre, la pimienta de Sichuan y la maicena. Introducid el cordero en el cuenco y embadurnadlo bien con las manos alrededor 1 minuto, de manera que la carne quede bien cubierta. Tapad y dejad marinar en la nevera 4 horas.

Treinta minutos antes de servir, sacad el cordero marinado y dejadlo reposar hasta que esté a temperatura ambiente.

Preparad los *noodles* siguiendo las instrucciones del paquete, escurrid y reservad.

Poned a fuego alto un wok o una sartén antiadherente grande. Añadid el cordero y saltead enérgicamente. Id añadiendo poco a poco el líquido de la marinada y rehogad de 3 a 5 minutos, hasta que la carne se dore y la salsa espese. Retirad del fuego.

Para montar el plato, añadid los *noodles* al cordero en salsa y mezcladlo todo de manera que los *noodles* queden bien cubiertos. Pasadlos a una fuente grande y adornad con el cilantro y la menta. Si el cordero no está lo bastante picante para vuestro gusto, añadid un hilo de aceite de guindilla.

Tostada de gambas

Temporada 6, episodio 6
«El de la última noche»

PARA: 6 raciones
PREPARACIÓN: 45 minutos

1 cucharada de aceite de coco
225 gramos de gambas peladas y sin la tripa
1 cucharadita de jengibre fresco picado fino
¼ taza de cilantro
1 diente de ajo picado fino
1 cucharadita de aceite de sésamo
1 clara de huevo
2 cebolletas verdes grandes, con el bulbo y el tallo picados gruesos
1 cucharadita de azúcar
2 cucharaditas de maicena
Sal
4 rebanadas de pan de molde gruesas o de *brioche* en rebanadas gruesas
⅓ taza de semillas de sésamo tostadas
2 tazas de aceite de cacahuete para freír

En un procesador de alimentos, triturad de 3 a 4 minutos el aceite de coco, las gambas, el jengibre, el cilantro, el ajo, el aceite de sésamo, la clara de huevo, las cebolletas, el azúcar, la maicena y sal al gusto, hasta obtener una pasta uniforme.

Retiradle la corteza al pan y cortad cada rebanada por la mitad, en diagonal, de manera que obtengáis 8 triángulos.

Extended una capa uniforme de pasta de gambas en cada triángulo.

Espolvoread con semillas de sésamo la pasta de gambas y el pan.

Poned a fuego medio una sartén de hierro fundido grande o una sartén grande de fondo grueso y calentad el aceite a 150 °C.

Cuando el aceite esté caliente, bajad a fuego medio-bajo. Trabajando por tandas, freíd 1 o 2 minutos las tostadas con la pasta de gambas hacia abajo, hasta que el sésamo esté dorado y la pasta de gambas adquiera un color rosado. Dadles la vuelta y freíd de 1 a 3 minutos, hasta que el pan esté dorado.

Con ayuda de una espumadera, sacad las tostadas y pasadlas a una bandeja con papel de cocina para que escurran el exceso de aceite. Servidlas de inmediato.

Ensalada de pepino picante

PARA: 6 raciones
PREPARACIÓN: 20 minutos

2 pepinos grandes
1 cucharada de sal
3 dientes de ajo picados finos
2 cucharadas de vinagre de arroz
1 cucharada de azúcar
1 cucharada de aceite de sésamo
1 cucharada de pasta de ajo y guindillas

Con ayuda de un rodillo, aplastad ligeramente el pepino, cortadlo en medialunas de 2,5 centímetros, pasadlo a un colador y dejadlo en el fregadero.

Añadidle sal y dejad 10 minutos en el colador, para que el pepino suelte el agua.

En un cuenco mediano, mezclad durante 1 o 2 minutos el resto de ingredientes, hasta que el azúcar y la pasta de guindillas se hayan disuelto.

Agregad el pepino con sal a la mezcla anterior y removedlo todo durante 1 minuto, para que el pepino quede bien aderezado.

Arroz frito con verduras

PARA: 6 raciones
PREPARACIÓN: 40 minutos

2 cucharadas de aceite de sésamo
1 cucharadita de jengibre fresco rallado
2 cucharadas de chalotas picadas finas
½ lombarda pequeña cortada en tiras
1½ taza de pellas de brécol
1½ taza de tallos de brécol cortados en dados medianos
½ taza de zanahoria cortada en juliana
¼ taza de guisantes congelados
3 cucharadas de salsa de soja o de *tamari*
3 huevos batidos (opcional)
2 tazas de arroz jazmín cocido el día anterior
Aceite de guindilla (opcional)
Cebolleta picada en tiras finas para adornar

Poned a fuego medio-alto un wok grande. Cuando esté caliente, bajad a fuego medio y añadid el aceite de sésamo. Dejad que se caliente de ½ minuto a 1 minuto, incorporad el jengibre y las chalotas y saltead alrededor de 1 minuto, hasta que desprendan su aroma.

A continuación, agregad la lombarda y saltead alrededor de 1 minuto, hasta que pierda parte de su firmeza.

Incorporad las pellas y los tallos de brécol y la zanahoria y saltead 1 minuto.

Cuando las verduras estén salteadas y presenten un ligero chamuscado, añadid los guisantes, sazonad con 1½ cucharada de la salsa de soja o de *tamari* y dejad alrededor de 1 minuto.

Apartad las verduras en un lado del wok e incorporad el arroz. Dejad que se tueste antes de removerlo. A continuación, dadle la vuelta para que se tueste por el otro lado. Empezad a mezclar las verduras con el arroz y agregad el resto de salsa de soja o de *tamari* al gusto.

Apartad el arroz con las verduras en un lado del wok y añadid los huevos, si queréis utilizarlos. Dejad que chisporroteen y revolvedlos. No los unáis al arroz hasta que estén prácticamente hechos, después de 1 minuto aproximadamente. Pasado ese tiempo, mezcladlos con el arroz y las verduras.

Si queréis que este arroz frito tenga un toque más picante, añadid el aceite de guindilla con los huevos o con la salsa de soja y el arroz.

Para servir, pasad el arroz a cuencos y adornadlo con tiras de cebolleta.

Comida sin ojos

Si sois como Phoebe y no coméis nada que tenga ojos (a menos que estéis embarazadas de los trillizos de vuestro hermano), probad su coliflor frita o su curri de calabaza y anacardos. Estos platos, además de bonitos, son una opción excelente si vais a cenar con amigos vegetarianos y no vegetarianos.

Temporada 1, episodio 17
«El que tiene dos partes: Parte 2»

Curri de calabaza y anacardos

PARA: 6 raciones
PREPARACIÓN: 1½ hora

- 1 cucharada de aceite vegetal
- 4-6 guindillas ojo de pájaro partidas por la mitad (y sin las semillas, si queréis que el plato sea menos picante)
- 1½ cucharada de cúrcuma en polvo
- 2 ramas de canela
- 1 cucharadita de jengibre fresco rallado fino
- 1,300 kilo de calabaza Hokkaido pelada y cortada en trozos de 5 centímetros
- 2 tazas de leche de coco
- 6-8 hojas de laurel
- 1 taza de anacardos tostados con sal
- 3 tazas de arroz basmati cocido
- 1 taza de cilantro fresco medido y después picado
- «Chalotas crujientes» (página 15)
- 2 limas cortadas en gajos

Poned a fuego medio-alto un wok o una sartén grande y calentad el aceite. Cuando esté caliente, bajad a fuego medio, añadid las guindillas, la cúrcuma, las ramas de canela y el jengibre y removed de 2 a 3 minutos sin parar, hasta que los ingredientes desprendan su aroma.

Agregad la calabaza y salteadla de 3 a 4 minutos, hasta que se dore.

Bajad el fuego e incorporad la leche de coco y las hojas de laurel. Cocinad a fuego lento de 10 a 12 minutos, hasta que al pinchar la calabaza con un tenedor esta no ofrezca resistencia.

Cuando la calabaza esté cocida, apagad el fuego y añadid los anacardos. Dejad de 3 a 5 minutos, para que se integren en el curri. Los anacardos deberían ablandarse un poco, pero no quedar pastosos. Retirad las hojas de laurel.

Para servir, disponed el arroz cocido en un cuenco o un plato llano. Agregadle el curri y adornadlo con cilantro y chalotas. Servidlo con gajos de lima.

ACOMPAÑAMIENTOS RECOMENDADOS:
«Polos de mantequilla de cacahuete de postre» (página 138).

NOTA DE LA CHEF MONICA:
La calabaza Hokkaido, o *potimarron*, es una variedad de invierno. Si no la podéis encontrar, la podéis sustituir por calabaza corriente o por calabaza moscada.

Coliflor frita

PARA: 6 raciones
PREPARACIÓN: 1 hora

YOGUR PICANTE:
1 taza de yogur griego natural (no desnatado) o *labneh*
2 cucharadas de pimienta de Marash en copos
El zumo de ½ limón
Sal y pimienta

GREEN APPLE, CILANTRO, AND LEMON ZEST MEDLEY:
2 manzanas verdes descorazonadas, peladas y cortadas en daditos
El zumo de ½ limón
¼ taza de hojas de cilantro medidas y después picadas
1 cucharada de ralladura de limón
Sal y pimienta

COLIFLOR:
4 tazas de aceite para freír
1 taza de maicena
½ taza de harina
1 cucharadita de levadura en polvo
1 cucharada de ajo en polvo
1 cucharadita de orégano seco
1 cucharadita de tomillo seco
2 cucharadas de semillas de sésamo
1 cucharadita de zumaque en polvo
Sal y pimienta
1 taza de cerveza IPA o agua con gas
1 coliflor grande partida en pellas del tamaño de un bocado
Cilantro para adornar

PARA PREPARAR EL YOGUR PICANTE:
En un cuenco pequeño, que no reaccione a los ingredientes ácidos, mezclad todos los ingredientes y refrigerad durante 1 hora como mínimo.

PARA PREPARAR EL POPURRÍ DE MANZANA VERDE, CILANTRO Y RALLADURA DE LIMÓN:
Introducid la manzana en agua fría con un chorro de zumo de limón para que no se oxiden.

Escurrid las manzanas, secadlas y mezcladlas con el cilantro y la ralladura de limón en un cuenco mediano. Salpimentad al gusto.

PARA PREPARAR LA COLIFLOR:
Poned a fuego alto una cazuela grande de fondo grueso y calentad el aceite a 150 °C. Cuando esté caliente, bajad a fuego medio.

En un cuenco grande, mezclad la maicena, la harina, la levadura en polvo, el ajo en polvo, el orégano, el tomillo, el sésamo y el zumaque y salpimentad al gusto. A continuación, añadid la cerveza o el agua con gas y batid con una varilla unos 3 minutos, hasta que se forme una masa para rebozar que no tenga grumos.

Trabajando por tandas, sumergid las pellas de coliflor en el rebozado, de manera que queden perfectamente recubiertas. Sacudid el exceso de rebozado y freíd de 1 a 2 minutos, hasta que estén doradas. Dadles la vuelta y freíd 1 o 2 minutos más, hasta que estén doradas por completo. Con ayuda de una espumadera, pasad la coliflor frita a una fuente de servir con papel de cocina.

Para servir, colocad el yogur en un cuenco en el centro de una fuente y distribuid la coliflor alrededor. Para terminar, agregad a la coliflor el popurrí de manzana y cilantro.

Banquete de Acción de Gracias con amigos de Monica

Acción de Gracias siempre es un día memorable en *Friends*. Tanto si juegan un partido de fútbol americano muy reñido, se quedan en el pasillo porque han corrido a la azotea a ver el globo gigante de Superperro, que ha escapado del desfile justo antes de llegar a Macy's, y ninguno ha cogido la llave o preparan un cuestionable *triffle* (¡Rachel no tendría que haber puesto ternera en el postre!), los amigos siempre consiguen celebrar el día con un banquete. Estas recetas, más tradicionales, son las que Monica pretende llevar a la mesa, aunque las cosas no salgan siempre como las ha planeado.

Si compráis el pavo congelado, aseguraos de darle el tiempo necesario para que se descongele antes de cocinarlo. Además, retiradle el cuello y los menudillos antes de empezar esta receta y reservadlos para la receta de la «Salsa» (página 130).

Pavo asado

PARA: 6-10 raciones
PREPARACIÓN: 8 horas

4 ramitas de romero y algunas más para servir
½ taza de salvia fresca
½ taza de tomillo fresco
1 taza de mantequilla con sal a temperatura ambiente
4 cebollas cortadas en trozos de 7,5 centímetros
4 zanahorias cortadas en trozos de 7,5 centímetros
2 puerros cortados en 4 trozos
Sal y pimienta
1 taza de vino blanco
1 pavo de unos 5 kilos deshuesado
2 limones partidos por la mitad y alguno más para servir
2 manzanas verdes
Arándanos frescos para servir
Granadas frescas para servir

NOTA DE LA CHEF MONICA: Tanto si lo hacéis vosotros como si se lo pedís a vuestro charcutero, deshuesar el pavo acorta el tiempo de cocción y hace que el ave quede más jugosa.

Precalentad el horno a 160 °C.

Retiradle el tallo a ¼ taza del romero, ¼ taza de la salvia y ¼ taza del tomillo y, en un procesador de alimentos, procesad a velocidad alta, con la función pulso, las hojas con ½ taza de mantequilla hasta que las hierbas aromáticas se integren con la mantequilla.

Distribuid la cebolla, la zanahoria y el puerro en una fuente de horno, salpimentadlas y regadlas con el vino blanco.

Pasad por agua el pavo y secadlo con papel de cocina. Aseguraos de desinfectar el fregadero y la encimera después de enjuagar el ave para evitar la contaminación cruzada. Pasad el pavo a una tabla de cortar, con la pechuga hacia arriba. Salpimentadlo por dentro, echad hacia atrás las patas y atadlas con hilo de cocina. Dadle forma de manera que tenga un espacio hueco.

Colocad el pavo encima de las verduras, con la pechuga hacia arriba, y rellenadlo con el limón, las manzanas (previamente descorazonadas y partidas en cuartos), y el romero, la salvia y el tomillo restantes. Salpimentad el ave por fuera.

Con ayuda de un pincel de cocina o con las manos, distribuid de manera uniforme la mantequilla de hierbas por el pavo. Recubrid la fuente con papel de aluminio y asad el pavo 1 hora y 20 minutos.

Transcurrido este tiempo, retirad el papel de aluminio para que la piel se dore. Si queréis, podéis untar de nuevo el pavo con mantequilla de hierbas para glasearlo y ayudar a que se dore. Asadlo entre 40 minutos y 1 hora más y comprobad el estado de cocción. El pavo debería tener una temperatura de unos 70 °C, tomada en la parte más profunda del muslo y en la parte más gruesa de la pechuga. La carne ya no debería ser rosa y los jugos deberían salir claros. Si el pavo está deshuesado, este proceso podría llevar únicamente dos horas; 3½ horas si no está deshuesado. Comprobad siempre la temperatura del ave para ir sobre seguro.

Para servir, recubrid una fuente con hierbas aromáticas, como salvia, romero y perejil, colocad el pavo y algo del relleno en el centro y disponed a su alrededor limón partido por la mitad, racimos de arándanos o granadas partidas por la mitad.

Puré de patatas

PARA: 6-10 raciones
PREPARACIÓN: 40 minutos

4 tazas de «Caldo de verduras» (página 14) o comprado
1,300 kilo de patatas Yukon Gold peladas y cortadas en dados de 7,5 centímetros
2 tazas de nata mitad y mitad
1-2 dientes de ajo pelados y picados
3-5 ramitas de romero
2 cucharadas de mantequilla sin sal
Sal y pimienta

En una cazuela grande, introducid el caldo de verduras, las patatas y el agua suficiente para que las cubra 5 centímetros como mínimo. Llevad a ebullición y coced unos 15 minutos, hasta que la patata no ofrezca resistencia al pincharla con un tenedor. Escurrid las patatas y pasadlas a un cuenco grande.

En una cazuela mediana, poned al fuego unos 3 minutos la nata, el ajo y las ramitas de romero, hasta que la nata esté muy caliente pero no burbujee. Retirad el romero y verted esta mezcla sobre las patatas. Espachurradlas de manera que no queden grumos y asegurándoos de machacar bien el ajo. Añadid la mantequilla, removed y salpimentad al gusto.

Para mantener el puré caliente, se puede pasar a un cuenco grande de metal que colocaremos sobre una cazuela llena hasta sus ¾ partes de agua muy caliente. Para rebajar el estrés que supone la cena de Acción de Gracias, este puré se puede preparar con dos días de antelación y refrigerar. Para calentarlo, llevad a ebullición agua, retiradla del fuego y colocad encima el puré, removiendo de vez en cuando.

Salsa

PARA: 6-10 raciones
PREPARACIÓN: 1 hora y 15 minutos

El cuello y los menudillos del pavo (opcional)
Los jugos de la fuente en la que se asó el pavo o ⅓ taza de mantequilla sin sal
½ taza de harina de trigo
8 tazas de «Caldo de verduras» (página 14) o de «Caldo de pavo» (página 14)
Sal y pimienta

Si vais a preparar salsa de pavo, poned a fuego medio-alto una cazuela grande con agua y coced el cuello y los menudillos que reservasteis al preparar el «Pavo asado» (página 129). Bajad el fuego y cocinad al mínimo alrededor de 1 hora, hasta que la carne esté bien hecha.

Sacad la carne del líquido y dejad que se enfríe. A continuación, retirad la carne del cuello y pasadla a un cuenco pequeño. Trocead los menudillos y añadidlos a la carne del cuello.

Poned a fuego medio una sartén mediana y añadid los jugos de la fuente, si habéis asado un pavo, o la mantequilla. Dejad alrededor de 1 minuto, hasta que los jugos se calienten o la mantequilla se derrita, antes de agregar la harina. Removed hasta que se forme una *roux*, sin perderla de vista, ya que se oscurecerá deprisa. Cocinadla unos 3 minutos, hasta que adquiera un tono dorado.

Añadid el caldo de pavo o de verduras, bajad a fuego medio-bajo y batid enérgicamente con una varilla para evitar que se formen grumos. Salpimentad al gusto.

Relleno de pan de maíz

PARA: 6-10 raciones
PREPARACIÓN: 50 minutos

Pulverizador de aceite
450 gramos de pan de masa madre del día anterior cortado en dados de 2,5 centímetros
450 gramos de pan de maíz cortado en dados de 2,5 centímetros
450 gramos de salchichas italianas desmenuzadas
1 puerro mediano cortado en tiras
1 cebolla amarilla grande cortada en dados
3 tallos de apio cortados en daditos
Sal y pimienta
⅓ taza de salvia picada gruesa
3 cucharadas de romero medido y picado grueso
3 cucharadas de tomillo medido y picado grueso
2 tazas de «Caldo de pavo» (página 14)
1 taza de sidra
2 huevos

Precalentad el horno a 190 °C y pulverizad con aceite una cacerola grande.

En un cuenco grande, introducid los dos tipos de pan troceado.

Poned a fuego alto una sartén para saltear grande y, cuando esté caliente, añadid la salchicha desmenuzada y saltead unos 5 minutos, hasta que esté hecha. Retiradla con ayuda de una espumadera, dejando la grasa que haya soltado, e incorporadla al pan.

Volved a poner la sartén a fuego medio-alto y, cuando la grasa de la salchicha esté caliente, agregad el puerro, la cebolla y el apio. Saltead unos 5 minutos, hasta que la verdura esté tierna, y salpimentad al gusto.

Incorporad las verduras junto con la grasa de la salchicha al cuenco del pan y la salchicha, añadid la salvia, el romero y el tomillo y mezcladlo todo para que la grasa y las hierbas aromáticas recubran bien el pan y la salchicha esté bien repartida.

Poned a fuego medio una cazuela mediana y calentad el caldo de pavo con la sidra. A continuación, verted el líquido sobre el pan y removed para que este se empape ligeramente. Salpimentad al gusto.

En un cuenco pequeño, batid los huevos con un tenedor y vertedlos sobre el relleno, mezclándolo todo bien. Pasadlo todo a una fuente de horno de 30 × 20 centímetros y hornead de 20 a 30 minutos, hasta que la parte superior esté dorada. Este relleno se puede preparar el día anterior y hornearlo 30 minutos antes de servirlo.

Salsa de chandlerándanos

PARA: 6-10 raciones
PREPARACIÓN: 1 hora
REPOSO: 10 horas

Cuando por fin Chandler accede a celebrar la cena de Acción de Gracias y se ofrece a ayudar a Monica, esta le pide que se encargue de la salsa de arándanos, que él no tarda en convertir en «salsa de chandlerándanos». Debería prepararse el día anterior.

6 tazas de arándanos
La ralladura y el zumo de 2 naranjas
1 taza de azúcar
2 cucharadas de miel (a ser posible de azahar)
1 taza de vino tinto
1 pizca de sal
Pimienta negra recién molida

Poned a fuego medio una cazuela mediana con los arándanos, la ralladura y el zumo de naranja, el azúcar, la miel, el vino y la sal. Bajad el fuego y cocinad unos 25 minutos, hasta que los arándanos empiecen a abrirse. Cuando se abran y empiecen a hincharse, retirad la salsa del fuego y dejad que se enfríe por completo. Metedla por la noche en la nevera.

Ensalada de invierno

PARA: 6-10 raciones
PREPARACIÓN: 10 minutos

ENSALADA:
900 gramos de rúcula
2 cogollos pequeños de achicoria roja en trozos del tamaño de un bocado
4 caquis cortados en gajos de 2,5 centímetros
1 granada desgranada
Pacanas garrapiñadas picantes (más abajo)
280 gramos de queso de cabra

VINAGRETA:
⅓ taza de sirope de arce
El zumo de 1 limón
¼ taza de aceite de oliva
1 cucharadita de comino en polvo
1 cucharadita de pimentón
2 cucharadas de cilantro picado grueso

PARA PREPARAR LA ENSALADA:
Disponed una base de rúcula y achicoria en un cuenco o una fuente de servir grandes y distribuid, alternando, el caqui, los granos de granada, las pacanas y el queso de cabra.

PARA PREPARAR LA VINAGRETA:
En un cuenco pequeño, batid enérgicamente con la varilla alrededor de 1 minuto todos los ingredientes de la vinagreta y verted la vinagreta sobre la ensalada justo antes de servir.

Pacanas garrapiñadas picantes

PARA: 2 tazas
PREPARACIÓN: 20 minutos

2 claras de huevo
2 tazas de pacanas sin sal
½ taza de azúcar mascabado
1 cucharadita de canela en polvo
1 cucharadita de guindilla en polvo

Precalentad el horno a 120 °C y forrad una bandeja de horno con papel de horno.

En un cuenco mediano, batid las claras alrededor de 1 minuto, hasta que se forme espuma.

Añadid las pacanas y envolvedlas uniformemente en la clara. Agregad el azúcar, la canela y la guindilla en polvo, mezcladlo y rebozar bien las pacanas.

Distribuid las pacanas en la bandeja y hornead de 10 a 12 minutos, hasta que el azúcar burbujee y se endurezca.

Sacad las pacanas del horno y dejadlas enfriar en la encimera. En un recipiente hermético se conservan hasta 2 semanas. Son estupendas para enriquecer las ensaladas o para picotear.

Temporada 9, episodio 21
«El del test de fertilidad»

Vale por un masaje sueco (albóndigas vegetarianas)

PARA:
2-3 raciones

PREPARACIÓN:
2 horas

Cuando a Rachel le regalan un vale para un centro de belleza, Phoebe le hace prometer que no lo utilizará, ya que no soporta esas franquicias de masajes. En su opinión, «la avaricia empresarial destruye nuestros corazones y nos convierte en caparazones vacíos». Naturalmente Rachel rompe su promesa y acude al centro, donde se da cuenta de que su masajista sueca se parece curiosamente a Phoebe, de hecho ¡es igual que ella! Sin embargo, se llama Ikea. Porque Phoebe jamás trabajaría en una de esas cadenas de masajes que tanto desprecia, ¿no? Servid las albóndigas con «Salsa de chandlerándanos» (página 131).

ALBÓNDIGAS:
225 gramos de champiñones Cremini picados finos
425 gramos de alubias blancas escurridas
1 cebolla amarilla pequeña picada gruesa
½ taza de pan rallado
¾ pan rallado *panko*
2 tallos de apio picados gruesos
½ taza de perejil picado fino
3 dientes de ajo picados finos
1 cucharadita de salsa Worcestershire vegana
1 cucharada de salsa de soja
½ cucharadita de humo líquido
Sal y pimienta
Aceite vegetal o de colza para freír

SALSA:
2-3 cucharadas de harina de trigo
Sal y pimienta
1 taza de leche vegetal
2 tazas de «Caldo de verduras» (página 14) o comprado
2 cucharadas de perejil picado grueso y algo más para adornar
«Puré de patatas» (página 130) para servir

PARA PREPARAR LAS ALBÓNDIGAS:
En un procesador de alimentos procesad unos 2 minutos todos los ingredientes de las albóndigas excepto el aceite, hasta que se forme una pasta granulosa.

Dejad reposar 5 minutos esta mezcla y formad bolas de 5 centímetros.

Llenad ⅓ parte de una sartén grande de fondo grueso de aceite y ponedla a fuego medio-alto. Cuando esté caliente, bajad un poco el fuego. Trabajando por tandas, dorad de 2 a 3 minutos unas 6-8 albóndigas, dadles la vuelta y dejadlas otros 2 o 3 minutos para que se doren por el otro lado. Pasadlas a un plato con papel de cocina para que este absorba el exceso de grasa y seguid dorando el resto. Cuando las tengáis todas, reservad de 2 a 3 cucharadas del aceite.

PARA PREPARAR LA SALSA:
Poned a fuego medio en una cazuela grande el aceite que habéis reservado y la harina. Removed de 2 a 3 minutos, hasta que se forme una pasta de color ambarino, y salpimentad.

Añadid la leche vegetal y removed de 2 a 3 minutos. La salsa debería empezar a espesar. Salpimentad.

Agregad el caldo de verduras y removed de 2 a 3 minutos, hasta que la salsa burbujee. Bajad el fuego al mínimo para que no se enfríe, salpimentad al gusto e incorporad el perejil.

Para servir, disponed una cantidad generosa de «Puré de patatas» (página 130), colocadle encima de 4 a 6 albóndigas y salseadlas. Adornad con perejil.

Platos dulces y postres

Biscotti de almendra de Central Perk

Polos de mantequilla de cacahuete

Vasitos de natillas de kiwi y lima

Flan de cumpleaños

Magdalenas de cumpleaños de Central Perk

Macarons de los Pajaritos Marrones

Galletas con trocitos de chocolate a la francesa

Scones con mermelada y cucharita

Sándwiches de galletas con pasas y helado de Phoebe

Pastelito de veinte años

Pudin de donuts

Batido de cereales El de las cejas en el sombrero

Granizado de Phoebe

Bombones como gotitas de cielo

Tarta... haré una tarta

El de la gran tarta de chocolatinas

Magdalenas de arándanos

Tarta de queso que vale la pena robar

Triffle de carne de Rachel

Biscotti de almendra de Central Perk

PARA: 12 galletas
PREPARACIÓN: 1½ hora

Nada va mejor con una taza de café de Central Perk que estos *biscotti* crujientes y ligeramente dulces.

1 taza de harina de almendra
1¼ taza de harina de trigo
½ taza de azúcar
½ cucharadita de sal
3 huevos
½ taza de aceite de oliva
1 cucharada de extracto de almendra
1 cucharadita de ralladura de limón

Precalentad el horno a 175 °C y forrad una bandeja de hornear con papel de horno.

En un cuenco mediano, mezclad la harina de almendra, la harina de trigo, el azúcar y la sal.

En otro cuenco mediano, mezclad los huevos, el aceite de oliva, el extracto de almendra y la ralladura de limón y añadid la mezcla a los ingredientes secos.

En una superficie enharinada, extended la masa en un rectángulo grande, de unos 5-7,5 centímetros de grosor.

Pasad la masa a la bandeja y horneadla 30 minutos. Sacadla del horno y dejad que se enfríe 10 minutos.

Disponed la masa en una tabla de cortar y cortadla en galletas de unos 2,5 centímetros de ancho. Colocadlas de nuevo en la bandeja con la cara del corte hacia arriba.

Hornead 15 minutos más o hasta que las galletas estén doradas.

Sacad los *biscotti* del horno, dadles la vuelta y hornead 15 minutos más, hasta que estén dorados.

Polos de mantequilla de cacahuete

Temporada 7, episodio 17
«El del vestido de novia barato»

PARA: 6 polos
PREPARACIÓN: 20 minutos
REPOSO: 12-24 horas

¿A quién le gusta comerse una cucharada de mantequilla de cacahuete de vez en cuando? Yo os diré a quién: a Joseph Francis Tribbiani, que incluso se asegurará de que los dedos de mantequilla de cacahuete —es decir, meter dos dedos en el bote de la mantequilla de cacahuete— estén incluidos en la corta lista de aperitivos del *catering* de la boda de Monica. Si vosotros también queréis meter dos dedos en la mantequilla, pero se os plantea el dilema de que se acerque algún invitado para que la compartáis o que os inviten a iros, probad estos polos. Seguro que os encantan, y además liberarán vuestros dedos para que podáis hacer otras cosas, como comeros el «Bocata de albóndigas de Joey» (página 69).

1 taza de mantequilla de cacahuete a temperatura ambiente
1 taza de leche condensada azucarada
½ taza de yogur griego natural (no desnatado)
1 cucharadita de extracto de vainilla
2 cucharadas de miel
Sal
½ taza de bombones de mantequilla de cacahuete, pepitas de chocolate negro o *pretzels* picados gruesos

En un cuenco grande, batid de 2 a 3 minutos con una varilla manual o eléctrica a velocidad media-alta la mantequilla de cacahuete con la leche condensada, el yogur, la vainilla y la miel hasta obtener una crema uniforme.

Introducid el palo de los polos en 6 moldes de polo de 120 mililitros y verted la mezcla de mantequilla de cacahuete. Añadid unos trocitos de bombón, de chocolate o de *pretzel* en el extremo inferior de cada polo. Congelad de 12 a 24 horas e intentad no meter los dedos en un bote de mantequilla de cacahuete mientras esperáis.

Vasitos de natillas de kiwi y lima

Temporada 2, episodio 1
«El del bebé en el autobús»

PARA: 6 raciones
PREPARACIÓN: 2½ horas
REPOSO: 4 horas

Para celebrar la llegada al mundo de Ben, la tía Monica prepara una tarta de kiwi y lima. Cuando los chicos se pasan a ver a Ben y comen un trozo, a Ross se le empieza a cerrar la garganta. Monica recuerda de pronto que Ross tiene alergia al kiwi y se va con él al hospital. El tío Joey y el tío Chandler se quedan al cuidado de Ben y, al descubrir que gracias al niño pueden entablar conversación con dos mujeres guapas, aprovechan la oportunidad, aunque se dejan sin querer a Ben en el autobús. ¿Quién iba a saber que la tarta de kiwi y lima podía desatar tanto caos? Esperemos que esta versión de Vasitos de natillas de kiwi y lima os traiga mucha suerte.

NATILLAS:
1½ taza de leche entera
1 taza de nata para montar
¼ taza de maicena
1 taza de azúcar
¼ de zumo de lima
4 yemas de huevos grandes
La ralladura de ½ lima
2 cucharadas de mantequilla sin sal
Una pizca de sal
12 galletas Graham tipo *crackers* trituradas
Uvas rojas sin pepitas partidas por la mitad
4 kiwis pelados y en dados

NATA MONTADA:
4 tazas de nata para montar fría
2 cucharadas de miel
2 cucharadas de mezcal (opcional)

PARA PREPARAR LAS NATILLAS:
Poned a fuego medio en un cazo grande la leche con la nata y calentadla de 5 a 7 minutos, sin que llegue a burbujear.

Con ayuda de una batidora de brazo, batid a velocidad media-alta en un cuenco grande la maicena, el azúcar y el zumo de lima. Id añadiendo poco a poco las yemas de huevo mientras seguís batiendo unos 3 minutos, hasta que la mezcla adquiera un color amarillo claro.

Con ayuda de un cazo, verted poco a poco, en un hilo, la mezcla de leche y nata caliente sobre la mezcla de maicena y lima sin dejar de remover. Removed 1 o 2 minutos, hasta que toda la leche esté incorporada.

Bajad el fuego y pasad los ingredientes del cuenco al cazo. Agregad la ralladura de lima y la mantequilla a cucharadas, de una en una, removiendo sin parar unos 4 o 5 minutos, hasta que la mezcla espese y adquiera la consistencia de unas natillas.

Pasad las natillas a un cuenco resistente al calor y tapad con *film* transparente. Refrigerad 4 horas como mínimo.

PARA PREPARAR LA NATA MONTADA:
En un cuenco grande, batid la nata para montar con la miel hasta que se formen picos blandos. Si queréis que el postre sea para adultos, añadid 2 cucharadas de mezcal mientras batís.

Para servir, disponed una cucharada colmada de natillas en un vasito o un tarro de cristal, añadid galleta Graham, uvas y kiwi y terminad con nata montada. Repetid hasta llenar el vaso hasta sus ¾ partes. Terminad con nata montada y una lluvia de galleta Graham.

Flan de cumpleaños

PARA:
6 raciones

PREPARACIÓN:
1 hora

Monica planea la fiesta de cumpleaños de Rachel, pero cuando se presentan los padres de Rachel, que se acaban de divorciar, deciden celebrar dos fiestas para quitarle hierro a la situación: una en el piso de Monica, para la madre de Rachel, y otra en el de Chandler y Joey, para su padre. Naturalmente, la de Monica es aburrida y tensa, pero al menos hay flan de cumpleaños. ¡Bien!

1½ taza de azúcar
¼ taza de agua
3 huevos grandes
2 yemas de huevos grandes
800 gramos de leche condensada azucarada
1 taza de leche entera
1 cucharadita de extracto de vainilla

Precalentad el horno a 175 °C con la rejilla en el centro.

En un cazo mediano, poned a fuego medio-bajo 1 taza del azúcar con el agua y calentad el agua hasta que el azúcar se haya disuelto por completo. Haced girar el cazo con delicadeza unos 5 minutos, hasta que la mezcla empiece a adquirir un tono rojizo.

Verted el caramelo en un molde de tarta redondo o uno de quiche de cerámica de unos 23 centímetros de diámetro.

En un cuenco mediano, batid de 3 a 4 minutos los huevos enteros con las yemas y la ½ taza de azúcar restante, hasta que todo esté bien integrado.

En otro cuenco mediano, mezclad la leche condensada con la leche entera y la vainilla, procurando que no se forme mucha espuma.

Verted esta mezcla sobre los huevos y removed para incorporar bien todos los ingredientes, una vez más procurando que no se formen burbujas o espuma. Colad esta mezcla con delicadeza y vertedla en el molde, sobre el caramelo.

Colocad el molde redondo en una fuente de horno rectangular profunda y añadid agua caliente en esta, la suficiente para que llegue hasta una cuarta parte del molde redondo.

Hornead unos 40 minutos, hasta que el centro del flan esté cuajado pero cremoso. Dejad enfriar a temperatura ambiente y refrigerad por la noche.

Para servirlo, pasad con suavidad un cuchillo por el borde del molde para despegarlo, volcadlo sobre un plato y moved el molde delicadamente para que caiga el flan.

Magdalenas de cumpleaños de Central Perk

Temporada 6, episodio 13
«El de la hermana de Rachel»

PARA: 24 magdalenas
PREPARACIÓN: 1½ hora

Cuando Joey no puede pagar los tentempiés que se come en Central Perk, Gunther le ofrece trabajo. En un intento de flirtear con las clientas guapas, les ofrece magdalenas gratis cuando es su, ejem, cumpleaños. Sin embargo, Joey no tarda en averiguar que su generosidad saldrá de su bolsillo. Estas dulces magdalenas son el detalle de cumpleaños perfecto.

MAGDALENAS:
1 taza de mantequilla sin sal
3 tazas de azúcar granulado
3 huevos
2 cucharaditas de vainilla en polvo
4 tazas de harina de repostería o de harina de trigo
1½ cucharadita de bicarbonato
1½ cucharadita de levadura en polvo
2 tazas de suero de leche
½ taza de fideos de colores

GLASEADO DE CUMPLEAÑOS:
1 taza de mantequilla sin sal blanda
7 tazas de azúcar glas
3 cucharadas de nata para montar
1 taza de fideos de chocolate

PARA PREPARAR LAS MAGDALENAS:
Precalentad el horno a 175 °C y forrad un molde para magdalenas con cápsulas para magdalenas.

En un cuenco grande, con ayuda de una batidora de brazo o de vaso con el batidor plano flexible, batid unos 3 minutos a velocidad alta la mantequilla con el azúcar, hasta obtener una mezcla cremosa y de color amarillo claro.

Añadid los huevos de uno en uno, asegurándoos de que se incorporan perfectamente antes de añadir el siguiente.

En un cuenco mediano, tamizad la vainilla en polvo con la harina, el bicarbonato y la levadura en polvo.

Con ayuda de una espátula y trabajando por pequeñas tandas, agregad ⅓ de la mezcla seca a los ingredientes húmedos. Sin parar de remover, añadid un chorrito de suero de leche y mezclad. Repetid esta operación hasta que se forme una masa para rebozar, os llevará unos 3 o 4 minutos.

Incorporad los fideos de colores. Rellenad de manera uniforme las cápsulas y hornead las magdalenas unos 25 minutos, hasta que suban. Para saber si están hechas, introducid un palillo en el centro de una de ellas: si sale seco, es que ya están. De lo contrario, seguid horneando incrementando el tiempo 5 minutos de cada vez, hasta que estén hechas. Dejad enfriar por completo antes de glasearlas.

PARA PREPARAR EL GLASEADO DE CUMPLEAÑOS:
En un cuenco grande, con ayuda de una batidora de brazo o de vaso con el accesorio batidor, batid a velocidad baja la mantequilla con el azúcar glas hasta que ambos ingredientes estén perfectamente integrados. Añadid la nata para montar y la vainilla y seguid batiendo unos 3 minutos, hasta que el glaseado adquiera consistencia. En este punto, incorporad ½ taza de los fideos de chocolate.

Disponed los fideos restantes en un plato grande.

Con ayuda de una espátula de silicona, cubrid una magdalena con una cantidad generosa de glaseado y alisad con la espátula. A continuación, pasad el glaseado por los fideos hasta recubrirlos bien. Si queréis, podéis utilizar una manga pastelera con boquilla para dar volumen al glaseado.

Macarons de los Pajaritos Marrones

Temporada 3, episodio 10
«El de cuando Rachel dimite»

PARA: 20 macarons
PREPARACIÓN: 3 horas

Cuando Ross le rompe sin querer una pierna a una niña miembro de los Pajaritos Marrones exploradores que intenta vender la cantidad de galletas de Navidad necesaria para ganar el primer premio, un viaje al campamento espacial, este intenta compensarla y se ofrece a venderle las cajas de galletas de puerta en puerta. Como es natural, a los vecinos les parece raro y le dan con la puerta en las narices. Por suerte, encuentra a su público perfecto: residencias de estudiantes con hambre de colocón. Estas galletas son el regalo, el capricho o el punto fuerte perfecto de cualquier venta de galletas para recaudar fondos, pero si lo que queréis no es un colocón que os mande directos al campamento espacial, mejor no juguéis con la mantequilla del relleno de *crème* de coco. Tío de las galletaaaas.

***MACARONS* DE CHOCOLATE:**

1⅓ taza de harina de almendras blanqueadas
2 tazas de azúcar glas
¼ taza de cacao en polvo sin azúcar
½ cucharadita de canela en polvo
3 huevos grandes, con las claras separadas de las yemas, a temperatura ambiente
1/8 cucharadita de sal

RELLENO DE *CRÈME* DE COCO:

1 taza de mantequilla sin sal a temperatura ambiente
3 tazas de azúcar glas
1 cucharadita de extracto de coco
3 cucharadas de nata para montar
Sal

PARA PREPARAR LOS *MACARONS* DE CHOCOLATE:

Disponed dos bandejas de horno con sendos tapetes de silicona. Estos tapetes son ideales para preparar macarons, pero si no tenéis, podéis utilizar papel de horno.

En un cuenco mediano, tamizad la harina de almendras con el azúcar glas, el cacao en polvo y la canela.

En un cuenco grande, con ayuda de una batidora de brazo o de vaso con el batidor plano flexible, batid de 1 a 2 minutos a velocidad baja-media las claras de huevo a temperatura ambiente con la sal, hasta que empiecen a formar espuma y volverse blancas. Cuando la mezcla esté espumosa, subid a velocidad media-alta y batid de 3 a 5 minutos, hasta que las claras estén firmes y empiecen a brillar. Deberían empezar a formarse picos blandos en el merengue.

Trabajando con poca cantidad de cada vez y con movimientos envolventes, con ayuda de una espátula de silicona id incorporando los ingredientes secos al merengue. Agregadlos poco a poco sobre el merengue y, con un movimiento en forma de ocho, pasad la parte superior del merengue al fondo del cuenco. Id girando el cuenco mínimamente cada vez que realizáis este movimiento. La mezcla debería empezar a parecer un glaseado. No pasa nada si tiene un aspecto algo pastoso y plano. Dejad reposar 10 minutos sin tapar.

Con el método de la manga pastelera (página 19), colocad una boquilla lisa de 6,5 milímetros en una manga pastelera o una bolsa de plástico grande con cierre zip y una punta cortada y llenadla con la pasta de los macarons.

Formad discos de unos 5 centímetros de diámetro en las bandejas ya dispuestas. Cuando los tengáis todos, dad un golpecito con las bandejas en la encimera para eliminar burbujas de aire que pudieran quedar en los *macarons* y dejad reposar de 30 a 45 minutos más. (Esto ayudará a que se forme la característica corteza exterior.)

Mientras los *macarons* se asientan, preparad el relleno de crème de coco.

Cuando los *macarons* estén listos, precalentad el horno a 175 °C.

«¿Por qué no se mira en el espejo, nono?»

—Pajarito Marrón

Hornead los *macarons* (una bandeja de cada vez) unos 10 minutos. A mitad de cocción, dadle la vuelta a la bandeja. Transcurrido este tiempo, la parte superior debería estar firme y la inferior arrugada, como cuando se meten los dedos en agua. Dejad enfriar por completo, de 30 a 40 minutos, antes de rellenar.

PARA PREPARAR EL RELLENO DE *CRÈME* DE COCO:
Mientras los *macarons* reposan, con una batidora de brazo o de vaso con el accesorio batidor, batid a velocidad baja la mantequilla con el azúcar glas hasta que ambos ingredientes estén integrados. Cuando lo estén, batid de 3 a 5 minutos a una velocidad más alta hasta tener el glaseado.

Añadid el extracto de coco, la nata para montar y una pizca de sal mientras seguís batiendo 1 o 2 minutos. El relleno estará listo cuando todos los ingredientes estén integrados y la mezcla tenga la consistencia de un glaseado.

Colocad una boquilla de estrella abierta en una manga pastelera o una bolsa de plástico con cierre de zip y una punta cortada e introducid el relleno.

Colocad el relleno en la parte inferior de un macaron, tapad con otro y hacedlo a un lado. Repetid la operación hasta tenerlos todos.

NOTA DE LA CHEF MONICA: En esta receta solo utilizamos la clara de los huevos, pero no tiréis las yemas. Guardadlas para más adelante.

Galletas con trocitos de chocolate a la francesa

Temporada 7, episodio 3
«El de las galletitas de Phoebe»

PARA: 16 galletas grandes
PREPARACIÓN: 3 horas

Las galletas de la abuela francesa de Phoebe son todo un éxito. Están tan ricas que la talentosa chef Monica le pide la receta a Phoebe. Esta última no es capaz de encontrarla, así que intentan reproducirla y para ello prueban la última galleta que queda de la última hornada, que Phoebe congeló. Lo que no saben es que las galletas son tan famosas que la receta figura en una bolsa de galletas. La receta está en todas partes, así que animaos con una de las recetas de prueba de Monica y hornead estas galletas con trocitos de chocolate.

1 taza de mantequilla sin sal
½ taza de azúcar granulado
1 taza de azúcar moreno bien compactado
2 huevos enteros
1 yema de huevo
1 cucharadita de extracto de vainilla
1 cucharadita de *bourbon* (opcional)
La ralladura de ½ naranja
2¼ tazas de harina de trigo
1 cucharadita de bicarbonato
340 gramos de chocolate negro cortado en trocitos
Sal marina en escamas para espolvorear

Poned a fuego medio la mantequilla en un cazo pequeño hasta que se derrita. Dejad unos 5 minutos, hasta que se tueste. No la perdáis de vista, ya que una vez derretida se puede quemar deprisa. La mantequilla debería empezar a desprender un aroma a nuez y tener un tono ambarino. Retiradla del fuego, pasadla a un cuenco con ayuda de una espátula de silicona y refrigerad de 40 a 60 minutos, hasta que esté fría.

Una vez fría, en un cuenco grande, con ayuda de una batidora de brazo, batid de 3 a 4 minutos a velocidad media la mantequilla, el azúcar granulado y el azúcar moreno, hasta obtener una mezcla de color claro y casi cremosa.

Agregad los huevos y la yema de huevo de uno en uno y mezclad durante unos 20 segundos después de cada adición.

Añadid la vainilla, el bourbon (si lo vais a utilizar) y la ralladura de naranja y mezclad bien.

Despegad la mezcla de las paredes del cuenco y, con la batidora a velocidad media-baja, id añadiendo la harina con el bicarbonato poco a poco, durante unos 3 o 4 minutos, hasta que estén todos los ingredientes integrados.

Incorporad los trocitos de chocolate con movimientos envolventes.

Pasad la mezcla a una superficie de trabajo limpia, divididla en cuatro partes y dadles forma de tronco. Envolved los troncos en papel encerado o film transparente y refrigerad 1 hora, hasta que la mezcla esté firme.

Precalentad el horno a 175 °C y forrad dos bandejas de hornear grandes con papel de horno.

Cortad discos de unos 5 centímetros de grosor de los troncos y pasad a las bandejas, dejando entre 2,5 y 5 centímetros de separación entre ellos.

Espolvoread las galletas con sal en escamas y hornead de 9 a 10 minutos, hasta que estén ligeramente doradas. ¡Comedlas con acento francés!

Temporada 3, episodio 3
«El de la mermelada»

PARA: 12 scones
PREPARACIÓN: 30 minutos

Scones con mermelada y cucharita

Joey es un tipo sencillo. Cuando era pequeño, su madre lo dejaba en el cine con un tarro de mermelada y una cucharita, algo muy mono pero poco práctico. Estos *scones* son la pareja perfecta de la mermelada, para que no os la tengáis que comer sola con una cucharita. Servidlos calientes con «Crema de limón» (página 13) y «Lo opuesto a hombre: mermelada de mora y menta» (página 13), si los *scones* son dulces, y con «Mermelada de tomate» (página 74), si son salados.

2 tazas de harina de trigo
½ taza de azúcar
½ cucharadita de sal
2½ cucharaditas de levadura en polvo
½ taza de mantequilla sin sal congelada y rallada
½ taza de nata líquida para repostería
1 huevo grande
1 cucharadita de extracto de vainilla
La ralladura de 1 limón
½ taza de queso de cabra desmenuzado (opcional)
1 cucharada de tomillo picado fino (opcional)

Precalentad el horno a 175 °C y forrad una bandeja de hornear con papel de horno.

Tamizad juntas la harina, el azúcar, la sal y la levadura en polvo en un cuenco grande. Añadid la mantequilla y, con los dedos índice y pulgar, frotadla con la harina hasta que la mantequilla esté aplastada y rebozada en harina.

En un cuenco mediano, mezclad la nata, el huevo, la vainilla y la ralladura de limón. Cuando todo esté bien integrado, verted los ingredientes húmedos en los secos y, con una cuchara de palo o una espátula, incorporadlo todo delicadamente con movimientos envolventes, en forma de ocho.

Si vais a preparar *scones* dulces y salados, dividid la masa en dos y añadid el queso de cabra y el tomillo a una de las partes.

Enharinad la superficie de trabajo y vuestras manos. Pasad la masa a la superficie y estiradla con un rodillo o con las manos hasta obtener una plancha de unos 2 centímetros de grosor y cortad los *scones* con un cortapastas o un plato redondo de unos 5 centímetros de diámetro.

Disponed en la bandeja de hornear y meted en el congelador 10 minutos.

Sacad del congelador y hornead unos 15 minutos, hasta que los scones desprendan su aroma y estén dorados.

Sándwiches de galletas con pasas y helado de Phoebe

Temporada 1, episodio 12
«El de la docena de lasañas»

PARA:
12 sándwiches

PREPARACIÓN:
1 hora

Hay tres cosas que deberíais saber de Phoebe: 1) Sus amigos son lo más importante en su vida; 2) Nunca miente, y 3) Hace las mejores galletas con pasas del mundo. Añadid a estas galletas vuestro helado preferido y descubriréis una cuarta verdad: los sándwiches de helado de Phoebe son sensacionales, sobre todo si los utilizáis para amortiguar el golpe que supone contarle a una amiga que su novio italiano te ha tirado los tejos.

1 taza de mantequilla sin sal blanda
½ taza de azúcar granulado
1 taza de azúcar moreno
1½ cucharadita de extracto de vainilla
2 huevos grandes
1¾ taza de harina de trigo
1 cucharadita de canela en polvo
1 cucharadita de sal
1 cucharadita de bicarbonato
3 tazas de copos de avena
1 taza de pasas
Helado de vainilla para servir

Precalentad el horno a 190 °C y forrad una bandeja de hornear con papel de horno.

En un cuenco grande, mezclad la mantequilla con el azúcar granulado, el azúcar moreno, la vainilla y los huevos.

En un cuenco mediano, mezclad la harina con la canela, la sal, el bicarbonato, los copos de avena y las pasas.

Añadid los ingredientes secos a los húmedos y mezclar perfectamente unos 3 minutos, hasta que se forme una masa.

Formad bolas del tamaño de una cuchara y disponedlas en la bandeja de hornear. Horneadlas 10 minutos, hasta que estén doradas y el borde hecho.

Dejad reposar las galletas unos minutos en la bandeja y pasadlas a una rejilla para que terminen de enfriarse.

Cuando se hayan enfriado, disponed una cantidad generosa de helado ligeramente reblandecido en una galleta y ponedle otra encima. Presionad con delicadeza para formar el sándwich, pasadlo a una bandeja y metedlo en el congelador para que adquiera más firmeza. Repetid con las demás galletitas. Enfriad 15 minutos y servidlas.

Pastelito de veinte años

Temporada 2, episodio 16
«El de cuando Joey se cambia de casa»

PARA: 1 pastel de 20 cm de diámetro
PREPARACIÓN: 1 hora
REPOSO: 1-2 horas

Cuando Monica empieza a salir con Richard (el mejor amigo de sus padres, que le dobla la edad), ella se convierte en la comidilla de una fiesta en casa de los Geller. «He oído que tiene un pastelito de veinte años en la ciudad», comenta una de las invitadas. Lo que no saben es que el pastelito es Monica. Esta receta es un pastel delicioso que recuerda a un bizcochito relleno pero el resultado es un postre fresco para servir en una fiesta.

1 taza de polenta
2 tazas de harina de almendra
1½ cucharadita de levadura en polvo
1¼ taza de azúcar
3 huevos
1 taza de mantequilla sin sal
La ralladura de 1 limón
El zumo de 2 limones
2 cucharadas de whisky escocés de 20 años (opcional)
1 taza de nata para montar
12 fresas en rodajitas

Precalentad el horno a 190 °C y espolvoread con harina un molde de tarta redondo de 20 centímetros de diámetro.

En un cuenco grande, mezclad la polenta con la harina de almendra y la levadura en polvo.

En un cuenco mediano, mezclad 1 taza del azúcar con los huevos, la mantequilla y la ralladura y el zumo de limón. Cuando la mezcla adquiera un tono amarillo claro, vertedla sobre los ingredientes secos y mezcladlo todo. Incorporad el whisky, si lo vais a utilizar.

Pasad la mezcla al molde y hornead de 25 a 30 minutos, hasta que al insertar un palillo en el centro salga seco. Si sale con masa, tapadlo con papel de aluminio y horneadlo de 5 a 10 minutos más. Cuando el bizcocho esté hecho, dejadlo enfriar de 1 a 2 horas, hasta que esté a temperatura ambiente.

Mientras se hornea el bizcocho, en un cuenco mediano disolved la ¼ taza de azúcar restante en la nata, tardará unos 5 minutos.

Con una batidora de brazo, a velocidad media, batid la nata de 5 a 7 minutos, hasta que se formen picos blandos.

Para servir, cortad el bizcocho en porciones y echadles nata montada y fresas por encima.

Pudin de donuts

Temporada 9, episodio 11
«El de cuando Rachel vuelve al trabajo»

PARA: 10-12 raciones
PREPARACIÓN: 1½ hora

Servid este pudin de donuts en vuestro «Banquete de Acción de Gracias con amigos» (página 126) o fiesta navideña, pero también podéis confiar en las sabias palabras de Chandler Bing: «Donuts y bollos, comida redonda para los buenos rollos». Aunque vuestros donuts sean del día anterior, transformad esta comida redonda en un postre delicioso que podéis comer siempre que os lo pida el cuerpo.

- 12 donuts de levadura fresca y levadura en polvo en dados del día anterior
- 3 yemas de huevo
- ½ taza de azúcar
- 2 tazas de leche entera
- 1 taza de nata líquida para repostería
- 1 cucharadita de extracto de vainilla
- La ralladura y el zumo de 1 limón
- 225 gramos de mantequilla de manzana
- 225 gramos de nata agria

Precalentad el horno a 175 °C.

Poned los dados de donut en una fuente de horno de 25 centímetros.

En un cuenco mediano, mezclad unos 5 minutos las yemas de huevo con el azúcar, hasta obtener una mezcla de color amarillo claro.

Poned a fuego medio en un cazo mediano la leche con la nata y calentadla sin parar de batir. Dejad de 5 a 7 minutos, hasta que esté bien caliente.

Empezad a batir la mezcla de los huevos y, sin dejar de batir, agregadle ¼ taza de la leche con la nata. Mezclad bien, hasta incorporarlo todo, para atemperar la mezcla.

Cuando todo esté integrado, verted la mezcla atemperada sobre la leche con la nata, removedla y ponedla a fuego medio-bajo para formar una crema inglesa. Incorporad el extracto de vainilla, la ralladura y el zumo de limón y dejad de 5 a 10 minutos, hasta que la crema espese.

Verted la crema inglesa sobre los donuts y removedlo todo delicadamente con las manos, asegurándoos de que los donuts queden recubiertos de manera uniforme. Hornead el pudin unos 25 minutos, hasta que esté dorado.

Servid con mantequilla de manzana y crema agria.

Batido de cereales El de las cejas en el sombrero

Temporada 2, episodio 16
«El de cuando Joey se cambia de casa»

PARA:
2 batidos grandes

PREPARACIÓN:
20 minutos

REPOSO:
2 horas

¿Qué es más raro, que el Capitán Crujiente tenga las cejas en el sombrero o que el hombre lleve siendo el capitán de los cereales más de cuarenta años? Yo no lo sé, pero sí sé que estos batidos alcanzan un nivel de satisfacción superior.

FRESAS CARAMELIZADAS:

6 fresas grandes
1 taza de azúcar
¼ taza de agua

BATIDOS:

⅓ taza de glaseado
1 taza de cereales azucarados
8 mini gofres congelados para adornar
6 mini hamburguesitas de salchicha para adornar
6 bolas de helado de vainilla
1¼ taza de leche entera
¼ taza de fideos de colores y más para adornar
Nata montada para servir

PARA PREPARAR LAS FRESAS CARAMELIZADAS:

Ensartad 3 fresas en una brocheta con la parte verde hacia arriba y disponedlas de forma que lleguen hasta el extremo de la brocheta. Repetid con las otras 3 fresas. Aseguraos de que las fresas están completamente secas. Preparad una zona de secado con un bloque de poliestireno o una bandeja de hornear forrada con papel de horno.

En un cazo mediano, poned a fuego alto el azúcar con el agua. Llevad a ebullición y cocinad hasta que el jarabe tenga una temperatura de 150 °C (utilizad un termómetro de repostería) o se forme un caramelo duro. Bañad las fresas en el caramelo caliente y hacedlas girar para recubrirlas bien.

Clavad las brochetas en el poliestireno para que se sequen en vertical o tumbadlas en la bandeja y dejadlas secar 2 horas como mínimo.

PARA PREPARAR LOS BATIDOS:

Con ayuda de una espátula de silicona, untad con glaseado el borde de las copas donde vayáis a servir el batido. Pegad al glaseado la mitad de los cereales. Dejad que este se asiente en la nevera 1 hora como mínimo.

Tostad los minigofres siguiendo las instrucciones del paquete.

Poned una sartén pequeña a fuego alto. Cuando esté caliente, bajad a fuego medio y añadid las hamburguesitas de salchicha. Cuando empiecen a dorarse, dadles la vuelta y cocinadlas 2 minutos más. Retiradlas del fuego y formad un sándwich alternando gofre y hamburguesita hasta tener un minisándwich de 6 capas. Atravesadlo con un palito de brocheta y repetid con los gofres y las salchichas restantes. Reservad.

En una batidora de vaso, batid durante unos 3 minutos el helado con la leche y los cereales restantes, hasta obtener una mezcla suave y espumosa.

Disponed la mitad de los fideos en el fondo de las copas, verted el helado y rematad con nata batida. Pinchad una brocheta de fresas caramelizadas en un lado y una de gofres en el otro y servid de inmediato.

Granizado de Phoebe

Temporada 5, episodio 18
«En el que Rachel fuma»

PARA: 6 raciones
PREPARACIÓN: 1 hora
REPOSO: 3-4 horas

Típico de ella, Monica se hace con el control de la fiesta de cumpleaños de Rachel. Cuando se ve relegada a encargarse de los vasos y el hielo, Phoebe decide montar la mejor fiesta de hielo que Rachel haya visto en su vida: lleva hielo picado, hielo en cubitos y hielo seco. Incluso hay un sombrero de vasos. ¿Queréis poner a prueba vuestra creatividad con el hielo? Este granizado es justo lo que necesitáis.

1 sandía de 4,5 kilos sin pepitas
El zumo de 3 limas
1½ taza de azúcar
225 gramos de leche condensada azucarada para servir (opcional)

Extraed la pulpa de la sandía y hacedla puré en un procesador de alimentos o una batidora de vaso.

En un cuenco grande, mezclad bien la sandía con el zumo de lima y el azúcar. Verted en una bandeja de horno con reborde y congelad 1 hora.

Con ayuda de un tenedor, raspad la mezcla, volved a meterla en el congelador y congeladla 1 hora más. Repetid el proceso hasta que la sandía esté medio líquida, medio congelada, os llevará de 3 a 4 horas.

Para servir, verted la cantidad deseada en un vaso de plástico rojo y añadid un hilo de leche condensada.

«Haré que Monica lamente el día que me asignó esa misión tan delicada.»

—Phoebe

Bombones como gotitas de cielo

Temporada 7, episodio 9
«El de todos los bombones»

PARA: 50 bombones
PREPARACIÓN: 30 minutos
REPOSO: 8 horas

Monica intenta conocer a sus vecinos haciendo bombones, pero, debido al éxito que tienen, los vecinos empiezan a amotinarse delante de su piso en busca de más. Están tan buenos que un vecino dice que son «como gotitas de cielo» cuando se planta a su puerta a las cuatro de la mañana, así que tened cuidado y pensaos muy bien a quién dais estas delicias en miniatura.

½ taza de mantequilla en trozos y más para la sartén
½ taza de azúcar
1¼ de leche de cabra
1¼ de nata líquida para repostería
Sal marina en escamas para espolvorear

Poned a fuego medio-alto en una cazuela grande la mantequilla con el azúcar, la leche de cabra y la nata líquida.

Removed la mezcla sin parar introduciendo un termómetro de repostería. Cuando esté a 120 °C, retiradla inmediatamente del fuego.

Untad con mantequilla una bandeja de hornear y extended el caramelo encima. Espolvoreadlo con sal marina y dejad que cuaje. Cuando se haya enfriado, refrigeradlo por la noche, hasta que el caramelo adquiera firmeza.

Cortad papel encerado en cuadrados de 7,5 x 7,5 centímetros.

Con ayuda de un cuchillo humedecido, cortad el caramelo en cuadrados y envolvedlo en el papel encerado. Retorced ambos extremos para formar envoltorios de caramelo.

NOTA DE LA CHEF MONICA: Tal vez no sea fácil encontrar leche de cabra, pero es necesaria para preparar este caramelo complejo y delicioso.

¡Tarta, tarta!

Temporada 6, episodio 18
«En el que Ross sale con una estudiante»

PARA:
1 tarta

PREP AND COOK TIME:
45 minutos

Rachel se deja encendida sin querer una plancha de pelo en el piso de Phoebe y se produce un incendio. Por desgracia las chicas tienen que buscarse un sitio donde quedarse. Rachel se va con Joey y Phoebe acaba en la nueva habitación de invitados Monica, donde vive a cuerpo de rey. «¿Te molesta ese olor? —pregunta Monica a Phoebe cuando notan un mal olor que viene del otro lado del pasillo—. Si te molesta, dímelo, haré una tarta para disimularlo.» Sin embargo, a nadie le hace falta una excusa para preparar una tarta. Cerezas y café son una combinación insólita, pero estupenda. El café matiza la acidez de las cerezas y las cerezas realzan las notas achocolatadas del café.

820 gramos de cerezas en lata
2 cucharadas de café instantáneo
½ taza de azúcar
2 cucharadas de maicena
«Base para tartas» (página 12)

Precalentad el horno a 190 °C.

En un cazo mediano, poned a fuego medio de 5 a 7 minutos las cerezas con el café instantáneo y el azúcar, removiendo de vez en cuando, hasta que el azúcar se disuelva y todo esté bien integrado. Dejad cocer un rato a fuego lento.

Pasad 2 o 3 cucharadas de zumo de cereza del cazo a un cuenco pequeño. Añadid la maicena y batid enérgicamente, asegurándoos de que no se forman grumos. Verted esta mezcla sobre las cerezas y coced a fuego lento unos 5 minutos, removiendo hasta que espese. Retirad del fuego y reservad.

En una superficie no porosa enharinada, extended la mitad de la masa de forma que sobrepase un molde de quiche de 23 centímetros. Pasad con cuidado la masa al molde y añadid las cerezas.

Extended la otra mitad de la masa y cubrid la tarta como más os guste. Una opción es extender una lámina, cubrir la tarta, recortar el reborde y formar un repulgo para unir las dos láminas. A continuación, haced tres cortes grandes para que salga el vapor mientras se hornea la tarta. Como alternativa, podéis formar un enrejado cortando en tiras largas la segunda mitad de masa para crear una celosía.

Hornead en la rejilla central del horno de 20 a 30 minutos, hasta que la tarta esté dorada.

Dejad enfriar a temperatura ambiente antes de servir.

El de la gran tarta de chocolatinas

Temporada 4, episodio 17
«El de porno gratis»

PARA: 6 raciones
PREPARACIÓN: 1 hora
REPOSO: 6-8 horas

Cuando Ross va al aeropuerto para decirle a Emily que la quiere, ella le da una chocolatina enorme. «Te la regalo —dice—. Además, solo se puede subir un bolso de mano.» Más tarde, cuando vuelve a Estados Unidos para confesarle su amor a Ross, ella le lleva la misma chocolatina. Joey no puede evitar quedarse boquiabierto: nunca ha visto una chocolatina tan grande. Esta receta combina el primer amor de Joey, la comida, con la triste vida amorosa de Ross, coprotagonista de «El de la gran tarta de chocolatinas».

1½ taza de galletas Graham tipo *crackers* trituradas
6 cucharadas de mantequilla sin sal a temperatura ambiente
170 gramos de chocolate negro para repostería
750 gramos de chocolatinas de chocolate suizo con turrón, almendras y miel troceadas
1 taza de nata líquida para repostería

En un cuenco grande, mezclad de 3 a 4 minutos las galletas Graham con la mantequilla hasta que empiecen a amalgamarse.

Pasad la mezcla a un molde de quiche de 23 centímetros. Con la mano o con un vaso, presionad la base con fuerza y de forma uniforme contra el fondo y las paredes del molde. Aseguraos de que la capa de las paredes es uniforme. Tapadla y refrigeradla de 2 a 4 horas.

Poned a fuego medio una cazuela llena de agua hasta la mitad y, cuando el agua empiece a desprender vapor, colocad un cuenco metálico sobre la cazuela. Introducid en el cuenco el chocolate y unos 280 gramos de las chocolatinas. Dejad que el chocolate se deshaga al baño María sin parar de remover. Cuando se haya deshecho, añadid la nata, moviendo enérgicamente, y retirad del fuego.

Verted el chocolate sobre la base fría y refrigerad unas 4 horas, hasta que el relleno se solidifique.

Cuando esté firme, decorad la tarta con los trozos de chocolatina restantes dispuestos en círculos concéntricos.

NOTA DE LA CHEF MONICA:
Con el baño María se deshacen ingredientes como el chocolate sin ponerlos directamente al fuego.

Magdalenas de arándanos

Temporada 9, episodio 2
«El de cuando Emma llora»

PARA: 16-18 magdalenas
PREPARACIÓN: 1 hora

Cuando Rachel le pregunta a Ross si se puede pasar por el café para comprarle una magdalena, él le pregunta de qué tipo, y ella se para a pensar seriamente de qué la quiere. Después de todo, es una decisión importante. No como, qué sé yo, decidir casarse con alguien. Se trata de una *magdalena*. Cuando preparéis estas magdalenas en casa, podéis estar seguros de que los arándanos siempre son la respuesta adecuada.

2 tazas de harina de trigo
1 taza de harina de maíz gruesa
4 cucharaditas de levadura en polvo
1 cucharadita de sal
2 huevos
½ taza de aceite de coco o mantequilla sin sal blanda
La ralladura y el zumo de 1 limón pequeño
1 taza de leche
2 tazas de arándanos
⅓ taza de cristales de azúcar para decorar (opcional)

Precalentad el horno a 175 °C y forrad un molde para magdalenas con cápsulas para magdalenas.

En un cuenco mediano, tamizad la harina de trigo con la harina de maíz, la levadura en polvo y la sal.

En otro cuenco mediano, batid con una batidora de brazo o una varilla los huevos, el aceite, la ralladura y el zumo de limón y la leche.

Incorporad los ingredientes húmedos a los secos, removiendo de 3 a 4 minutos, hasta que no haya ningún grumo en la mezcla. Agregad los arándanos con movimientos envolventes.

Con ayuda de una cuchara dispensadora de helado, verted la mezcla en las cápsulas para magdalenas.

Espolvoread cada magdalena con cristales de azúcar y hornead las magdalenas en la rejilla central del horno de 20 a 25 minutos, hasta que suban y estén doradas.

«Tómate el tiempo que necesites, es una decisión importante y no como, qué sé yo, decidir casarse con alguien. Se trata de una magdalena.»

—Ross

Tarta de queso que vale la pena robar

Temporada 7, episodio 11
«El de las tartas de queso»

PARA: 1 tarta de queso
PREPARACIÓN: 1½ hors
REPOSO: 8-10 horas

Tenéis que probar esta tarta de queso aunque no seáis demasiado golosos, como asegura Rachel. Aunque no sea de la Pequeña Pastelería de Mamá, con esta receta todos vuestros amigos dirán antes de que os queráis dar cuenta: «Mmm, caray, es supercremosa». Con una «base mantecosa de migas de galletas integrales con un riquísimo y ligero relleno de crema de queso», esta tarta de queso será un gran éxito en vuestra próxima fiesta. Pero procurad no comérosla del suelo, como acaban haciendo Rachel y Chandler.

BASE:

1 taza de galletas Graham de miel tipo *crackers* trituradas (unas 5 galletas)
¼ de taza de mantequilla sin sal derretida y algo más para el molde
2 cucharadas de azúcar
¼ cucharadita de nuez moscada recién rallada
½ taza de nueces, pacanas o almendras

RELLENO:

900 gramos de queso crema a temperatura ambiente
1 taza de azúcar
3 huevos grandes a temperatura ambiente
2 vainas de vainilla abiertas en sentido longitudinal y raspadas
El zumo de 1 limón colado
2 cucharaditas de extracto de vainilla

COBERTURA:

2 tazas de nata agria
¼ taza de azúcar
1 vaina de vainilla abierta en sentido longitudinal y raspada

PARA PREPARAR LA BASE:

Precalentad el horno a 175 °C y disponed una rejilla en la parte central. En un procesador de alimentos o una batidora de vaso, procesad las migas de galleta con la mantequilla, el azúcar, la nuez moscada y los frutos secos hasta que todo esté perfectamente integrado.

Untad con mantequilla el fondo y las paredes de un molde redondo desmoldable de 23 centímetros. Verted la mezcla de galleta y con la mano o con un vaso, presionadla contra el fondo de manera uniforme. Hornead la base de 10 a 12 minutos, hasta que adopte un tono ligeramente más tostado y se alise. Sin sacarla, pasad el molde a una rejilla y dejad que se enfríe por completo.

PARA PREPARAR EL RELLENO:

Bajad el horno a 160 °C y forrad una bandeja de horno con papel de horno.

En un cuenco grande, con ayuda de una batidora de brazo o de vaso con el batidor plano flexible, batid a velocidad baja el queso hasta obtener una mezcla cremosa. Añadid el azúcar y mezclad despacio hasta obtener una mezcla lisa. Apagad la batidora y despegad el queso de las paredes y del accesorio batidor con una espátula de silicona. A velocidad baja, añadid los huevos uno a uno, batiendo con suavidad después de cada adición. Volved a despegar la mezcla de las paredes.

Incorporad las vainas de vainilla, el zumo de limón y el extracto de vainilla y mezclad de nuevo a la velocidad más baja hasta obtener una mezcla lisa y cremosa. Es importante introducir la menor cantidad de aire posible al batir para evitar que la tarta se hunda en el centro después de hornearla.

Pasad la base ya fría a la bandeja de hornear y verted el relleno encima. Tapad el molde con una tapadera u otra bandeja para aislar la base mientras se hornea la tarta. Horneadla de 45 a 50 minutos, hasta que el centro tiemble ligeramente al mover el molde con suavidad.

Si el centro está algo líquido, volved a tapar la tarta y horneadla unos minutos más.

—¡Ladrón! —Rachel

—¡No he mirado la caja antes de abrirla, y no se puede devolver una caja después de abrirla! —Chandler

—¿Por qué no? —Rachel

—Porque está demasiado buena. —Chandler

PARA PREPARAR LA COBERTURA:
Mientras se hornea la tarta, preparad la cobertura. En un cuenco pequeño mezclad la nata agria con el azúcar. Añadid la vaina de vainilla y removed bien. Cubrid con *film* transparente y reservad la cobertura a temperatura ambiente hasta que la vayáis a utilizar.

Sacad la tarta del horno y destapadla. Verted con cuidado la cobertura alrededor de la tarta. Con ayuda de una espátula alisadora pequeña de repostería, extended la cobertura por toda la superficie de la tarta caliente, de manera uniforme. No presionéis muy fuerte, o la cobertura entrará en la tarta.

Tapad de nuevo la tarta de queso, metedla en el horno y horneadla 5 minutos más para que la cobertura se endurezca. Pasad la tarta a una rejilla y dejad que se enfríe a temperatura ambiente, tapada, de 1 a 2 horas. Retirad la tapadera o la bandeja y cubrid la tarta de queso fría con un círculo de cartón de 25 centímetros envuelto en *film* transparente o con un plato llano grande. Refrigerad por la noche.

Para desmoldar la tarta, colocad el molde encima de un bote alto y estrecho o sobre un cuenco. Abrid el cierre del aro y agrandadlo para que se separe de la tarta. Pasad la tarta a una fuente y servidla fría. En un recipiente hermético se conserva hasta 5 días en la nevera.

Triffle de carne de Rachel

Temporada 6, episodio 9
«En el que Ross se coloca»

PARA:
1 triffle grande

PREPARACIÓN:
50 minutos

No tendréis que utilizar los trucos que Joey ha aprendido en clase de interpretación para simular que este *triffle* de carne es delicioso. Tampoco tendréis que disfrutarlo a solas en el balcón para después asegurar que lo cogió un pájaro e intentó irse volando con él, o en el baño, para miraros en el espejo mientras os lo coméis. A decir verdad, probablemente queráis repetir, ya que los sabores dulces y salados del beicon caramelizado combinan a la perfección, mucho mejor que el postre mitad *triffle* inglés, mitad pastel de carne que prepara Rachel.

5-6 lonchas gruesas de beicon ahumado
¼ taza de azúcar moreno bien compactado
2 tazas de nata para montar
3 tazas de «Crema de limón» (página 13)
900 gramos de bizcocho de mantequilla cortado en dados de 5 centímetros
1 taza de «Lo opuesto a hombre: mermelada de mora y menta» (página 13)
Fresas partidas en 4 trozos
Arándanos

Precalentad el horno a 175 °C, forrad una bandeja de hornear con papel de horno y colocad una rejilla de horno encima.

Disponed el beicon en horizontal en la rejilla y espolvoread el azúcar moreno, asegurándoos de recubrirlo bien. Horneadlo unos 20 minutos, hasta que el beicon esté crujiente y el azúcar se haya caramelizado. Sacadlo del horno y reservadlo.

En un cuenco grande, con una batidora de brazo, batid unos 5 minutos a velocidad media-alta la nata, hasta que se formen picos duros.

Con ayuda de una espátula de silicona, incorporad con movimientos envolventes la crema de limón a la nata montada.

En un cuenco de cristal para *triffle*, formad una capa de bizcocho de mantequilla, añadid pegotes de mermelada y arándanos y terminad con nata montada y crema de limón. Repetid la operación hasta que la última capa sea de nata montada y crema de limón.

Cortad el beicon caramelizado en trozos del tamaño de un bocado y adornad el *triffle* con ellos.

Bebidas

Cold brew de Gunther

Rachelrita

Ponche mortal *tiki* de Monica

Señorita Chanandler Bong

Infusión de 72 rosas de tallo largo de Ross

Regina Falange

El reglamento oficial de la bola de fuego

El Ross-a-Tron

El del gato apestoso

Milk Master 2000

La copa Geller

Temporada 6, episodio 9
«En el que Ross se coloca»

PARA:
6 bebidas

PREPARACIÓN:
10 minutos

REPOSO:
12 horas

Cold brew de Gunther

Aparte del inquebrantable amor que siente por Rachel y de su pelo alocado, sabemos que Gunther es el gerente de Central Perk y cabría suponer que será un amante del café *cold brew* para ayudarlo a aguantar los largos turnos en el café.

1 taza de granos de café molidos gruesos
4 tazas de agua fría
Nata o leche entera (opcional)

En una jarra mezclad el café con el agua y dejadlo reposar 12 horas. Coladlo con un filtro de café.

Para servir, poned hielo en un vaso alto, llenadlo de agua hasta la mitad y rellenad el resto con café cold brew.

Añadid leche o nata líquida para repostería, si queréis.

Rachelrita

Temporada 5, episodio 20
«El de la ronda policial»

PARA: 1 cóctel

Una de las mejores cosas de que vuestros mejores amigos vivan al otro lado del pasillo o en la casa de enfrente es que cuando vosotros no tenéis todos los ingredientes necesarios para preparar margaritas, probablemente alguien los tenga.

22,5 mililitros de triple seco
30 mililitros de zumo de pomelo
30 mililitros de mezcal
30 mililitros de tequila
Prosecco
Cáscara de pomelo para adornar

Medid el triple seco, el zumo de pomelo, el mezcal y el tequila y vertedlo en una coctelera con hielo. Agitad de 10 a 15 segundos y colad en una copa con un colador de té. Terminad el cóctel con un golpe de *prosecco* y adornadlo con una tira larga de cáscara de pomelo.

SERVICE

Ponche mortal tiki de Monica

Temporada 1, episodio 4,
«Rachel recibe su primera nómina»

PARA: 4 raciones
PREPARACIÓN: 10 minutos

La fatídica noche que les llega a casa una pizza destinada a G. Stephanopoulos (página 81), las chicas ya han empezado la fiesta con el Ponche mortal *tiki* de Monica.

60 mililitros de nata líquida para repostería
90 mililitros de sirope de azúcar
120 mililitros de zumo de lima
240 mililitros de soda
20 fresas frescas o congeladas y alguna más para adornar
Hielo

En una batidora de vaso, mezclad la nata, el sirope, el zumo de lima y la soda y añadid las fresas. Batid con unos cubitos de hielo y verted en copas. Adornad el ponche con media fresa en el borde de cada copa y una pajita divertida, si queréis. Tomad el ponche con las amigas mientras espiáis a George Stephanopoulos.

Para una versión más cargada, añadid 240 mililitros de ron y 6 golpes de bíter Peychaud.

Señorita Chanandler Bong

Temporada 4, episodio 12
«El de los embriones»

PARA: 1 cóctel
PREPARACIÓN: 50 minutos

Cada semana puntualmente llega el *Teleprograma* al piso de Chandler y Joey. ¿Qué nombre aparece en la etiqueta de envío? En una partida tipo Trivial de las chicas contra los chicos con preguntas sobre las costumbres del grupo contrario, Rachel se entusiasma antes de tiempo y contesta a gritos: «¡Chandler está suscrito! ¡Es Chandler Bing!». Pero, naturalmente, no podía ser tan fácil.

¾ taza de agua
¾ taza de azúcar granulado o de azúcar de caña integral
5 ramas de canela
1 clara de huevo
15 mililitros de zumo de limón
45 mililitros de zumo de piña
30-60 mililitros de cerveza de jengibre
Canela en polvo para adornar

En un cazo pequeño, llevad el agua a ebullición. Añadid el azúcar y dejad cocer a fuego lento hasta que se disuelva. Incorporad la canela en rama y cocedla 15 minutos a fuego lento. Apagad el fuego y dejadla infusionar 30 minutos. Retirad las ramas de canela. Este sirope puede aguantar hasta una semana en la nevera.

Verted en una coctelera la clara de huevo, el zumo de limón, 30 mililitros del sirope de canela y el zumo de piña. Agitad sin hielo de 15 a 20 segundos. Añadid hielo y agitad enérgicamente 15 segundos más.

Colad con un colador de té en una copa de champán achatada y agregad la cerveza de jengibre. Adornad con un toque de canela en polvo.

Para un placer más adulto, añadid a la coctelera 2 golpes de angostura y 45 mililitros de whisky escocés Monkey Shoulder (a modo de guiño a *Marcel*). Utilizad solo 30 mililitros de zumo de piña y añadid 30 mililitros adicionales de cerveza de jengibre. Adornad con un trocito de piña, si queréis.

Infusión de 72 rosas de tallo largo de Ross

Temporada 5, episodio 2
«El de los besos»

PARA: 1 té
PREPARACIÓN: 40 minutos

Con la intención de compensar a su esposa, Emily, por haberla llamado Rachel sin querer en el altar, Ross le envía 72 rosas rojas de tallo largo, una por cada día que ha conocido y amado a Emily. Ella se las devuelve convertidas en mantillo en una caja, así que esta bebida le ayudará a ahogar las penas.

1 taza de agua
1 taza de azúcar
4 bolsitas de manzanilla
15 mililitros de agua de rosas
60 mililitros de destilado sin alcohol infundido con enebro y bayas inca u otra infusión de productos botánicos sin alcohol
Pétalos de rosa secos para adornar

En un cazo pequeño, llevad el agua a ebullición y añadid el azúcar. Dejad que hierva hasta que se disuelva. Añadid las bolsitas de manzanilla y dejad cocer 15 minutos a fuego lento. Apagad el fuego, infusionadlas 20 minutos más y coladlas.

En una coctelera, agitad de 10 a 15 segundos 15 mililitros del sirope de manzanilla, el agua de rosas y el destilado sin alcohol, colad la infusión con un colador de gusanillo y servidla en una copa de cóctel Nick & Nora.

Para elaborar una versión adulta de esta infusión, omitid el destilado no alcohólico y añadid 15 mililitros de ginebra y 30 mililitros de vodka.

«Son 72 rosas rojas de tallo largo, una por cada día que he conocido y he amado a Emily, convertidas en mantillo.»

—Ross

Regina Falange

Temporada 5, episodio 1
«El de después de que Ross dijera el nombre de Rachel»

PARA: 1 bebida
PREPARACIÓN: 40 minutos

Siempre que necesita un *alter ego*, Phoebe recurre con frecuencia a Regina Falange.

SIROPE DE MIEL Y PIMIENTA NEGRA:
½ taza de agua
½ taza de miel
1 cucharadita de granos de pimienta negra o pimienta negra molida gruesa

180 mililitros de agua de coco
3 cucharadas de leche de coco
½ cucharadita de bebida de cúrcuma en polvo o cúrcuma en polvo
Pimienta negra recién molida para adornar

PARA PREPARAR EL SIROPE DE MIEL Y PIMIENTA NEGRA:
Poned a fuego medio-alto un cazo pequeño con el agua y, cuando esta rompa a hervir, añadid la miel y removed.

Bajad el fuego y, mientras el agua con la miel sigue caliente, triturad en un mortero o un molinillo de especias 1 cucharadita de granos de pimienta negra. Si utilizáis pimienta negra molida gruesa, añadidla sin más a la miel. Continuad cociendo la mezcla a fuego lento 10 minutos, vigilando para que no se caramelice. Apagad el fuego, infusionad la bebida 20 minutos y coladla.

PARA PREPARARLA:
Poned a fuego medio un cazo pequeño con el agua de coco y bajad el fuego. Agregad la leche de coco y batid con una varilla mientras se calienta.

Incorporad la bebida de cúrcuma en polvo o cúrcuma en polvo, añadid 30 mililitros del sirope de miel y pimienta negra y no lo retiréis del fuego hasta que la mezcla cueza a fuego lento. Mantened la bebida 1 minuto, coladla con un colador de té y servidla en una taza grande. Adornadla con una vuelta de pimienta negra recién molida.

El reglamento oficial de la bola de fuego

Temporada 5, episodio 2
«El de la hermana inapropiada»

PARA: 2 bebidas
PREPARACIÓN: 30 minutos

Joey tiene que escribir un guion que podría protagonizar él mismo, pero encuentra algo mucho más divertido —y peligroso— sobre lo que escribir: el reglamento oficial de su nuevo juego preferido.

90 mililitros de agua
90 mililitros de miel
½ cucharadita de pimienta de cayena y algo más para adornar
45 mililitros de vinagre de manzana o *switchel*
400 mililitros de sidra

En un cazo pequeño, llevad el agua a ebullición y añadid la miel. Agregad la pimienta de cayena y dejad cocer a fuego lento 1 minuto. Apagad el fuego y dejad infusionar 20 minutos. Colad la mezcla.

En un cazo pequeño, calentad el sirope de miel y pimienta de cayena, el vinagre de manzana o el *switchel* y la sidra hasta que el líquido desprenda vapor, pero sin que hierva. Repartidlo en tazas grandes y adornadlo con un toque de pimienta de cayena al gusto.

El Ross-a-Tron

Temporada 7, episodio 11
«El de las tartas de queso»

PARA: 1 cóctel
PREPARACIÓN: 5 minutos

Ross siempre intenta parecer más informal de lo que es. Resulta asombroso que su apodo, El Ross-a-Tron, no llegue a cuajar.

1 huevo
15 mililitros de sirope de azúcar
15 mililitros de zumo de limón
15 mililitros de *bourbon*
30 mililitros de licor *amaretto*
Galletas Graham *crackers* trituradas para servir

En una coctelera, introducid el huevo, el sirope, el zumo de limón, el *bourbon* y el *amaretto*. Añadid 1 cubito de hielo y agitad de 10 a 15 segundos. Agregad una pala de hielo y agitad de 15 a 20 segundos más. Colocad un colador de gusanillo en el vaso de la coctelera y un colador de té en la copa de Martini y añadid una línea de migas de galleta para adornar el cóctel.

El del gato apestoso

Temporada 5, episodio 2
«El de los besos»

PARA: 1 bebida
PREPARACIÓN: 5 minutos

No es culpa tuya, gatito.

15 mililitros de sirope de azúcar
22,5 mililitros de zumo de limón
44 mililitros de destilado sin alcohol
45 mililitros de cola *light*

Introducid en la coctelera el sirope de azúcar, el zumo de limón y el destilado sin alcohol, agitad la bebida con hielo, coladla y servidla en un vaso alto lleno de hielo. Agregad la cola *light* y adornad con una pajita divertida.

Para una bebida más cargada, sustituid el destilado sin alcohol por 45 mililitros de *bourbon*.

Milk Master 2000

Temporada 3, episodio 4
«El del túnel metafórico»

PARA: 1 bebida
PREPARACIÓN: 10 minutos

¿Qué clase de idiota no es capaz de abrir un cartón de leche? Joey, cuando graba un anuncio de Milk Master 2000.

1 bola de helado de vainilla (o helado de vainilla con leche de soja, si la ruptura no es seria)
15 mililitros de sirope de café *cold brew* (comprado)
15 mililitros de sirope de chocolate
Un grano de café para adornar

En una coctelera, introducid el helado, el sirope de café y el sirope de chocolate. Agitad la mezcla sin hielo, coladla y servidla en una copa de champán achaparrada. Adornadla con un grano de café rallado.

Para una versión más adulta, sustituid el sirope de café por *crème* de chocolate.

La copa Geller

Temporada 3, episodio 9
«El del fútbol»

PARA: 1 bebida
PREPARACIÓN: 1½ hora

Los Geller son muy competitivos, incluso cuando pelean por un troll clavado a un trozo de madera.

1 batata mediana
1 clara de huevo
15 mililitros de sirope de arce
90 mililitros de zumo de naranja
3 nubes de azúcar tostadas al fuego para adornar

Precalentad el horno a 175 °C y asad una batata durante 45 minutos. Pinchadla con un tenedor y, si entra con facilidad, está hecha, de lo contrario, asadla un poco más. Dejad que se enfríe por completo. Peladla, desechad la piel y haced puré la batata.

Introducid una cucharada colmada de puré de batata en una coctelera junto con la clara, el sirope de arce y el zumo de naranja. Agitad 10 segundos con un cubito de hielo para emulsionar la clara. Agregad más hielo y agitad de 10 a 15 segundos más. Colad la mezcla y servidla en un vaso bajo, como los de whisky. Añadid hielo y adornadla con 3 nubes tostadas al fuego.

Primera edición: noviembre de 2020

Título original: *FRIENDS: The Official Cookbook*

Adaptación de la cubierta y maquetación: endoradisseny

Dirección editorial: Ester Pujol
Edición: Anna López

Bridge es un sello de Grup Enciclopèdia
Josep Pla, 95
08019 Barcelona

Fabricado en China por Insight Editions

Depósito legal: B-13449-2020
ISBN: 978-84-16670-99-4

Dedicatoria: Para Mozes, Storm y Michel.

Agradecimientos:
Para Amaluz, Sam Saraf, Martine, Amanda Lopez, Soleil Ho, Celeste, Shakirah Simley, Vinny, Ohn, Zozo, Victor (el campeón del Uno), Rasmus Ege, y Bougie. Vuestro amor, humor, generosidad y hospitalidad fueron fundamentales para que consiguiera terminar este proyecto. Si tuviera mi propia comedia sobre un grupo de amigos, todos vosotros apareceríais. Os quiero! Tusind Tak!

Para Bryant Terry: tu dedicación, asesoramiento y compromiso con la excelencia lo son todo para mí. Gracias por ser un maravilloso hermano mayor, amigo, empleado, y James Brown para mi Bobby Byrd.

Para mi padre. Siempre has sido el primer paso en mi trayectoria culinaria. Gracias por enseñarme a hacer tostadas francesas, y por permitirme prepararte el sandwich más picante y asqueroso del mundo cuando tenía tres años.

Para mi madre, la mujer más divertida del mundo del espectáculo. Gracias por ser una artista, me inspiraste a ser creativa. Gracias por escuchar todos mis problemas, incluso cuando te llamo a horas intempestivas. Te quiero.

Para mi increíble equipo. Gracias, Koren, por tu profesionalidad y todo el trabajo que has hecho en este proyecto. Tu amabilidad y actitud positiva fue el pegamento que nos mantuvo a todos unidos. Gracias, Mary, por ser tan maravillosa, por tu experiencia y ¡todo el trabajo hecho en la sección de bebidas del libro! ¡Gracias, Brenna! Eres la mejor compradora de adornos, comida y decoraciones. ¡Dorothy Faye! Eres una bendición. Te quiero y estoy muy agradecida de que aparecieras para rescatarnos, crear y lavar platos. Te debo una. ¡Y muchas gracias también a todos los modelos sexys de la primera sesión de fotos! Con vosotros empezó este maravilloso proyecto y excelente libro de cocina.

Para Jolene. Eres increíble. Ni siquiera sé ya cómo agradecértelo.

Para mi editora, Amanda Ng. Gracias por tu genialidad, por romperte el lomo con este libro y por ser otra maravillosa Amanda en el mar de las maravillosas Amandas.